Osnabrück

und das Osnabrücker Land

Edition Temmen

Osnabrück

und das Osnabrücker Land

Ein illustriertes Reisehandbuch

von Henning Sietz

EDITION TEMMEN

Stadt, Land & Leute

Stadtbummel in Osnabrück

Osnabrücker Land

Reiseinformationen

Warum Osnabrück?

Der Autor hat zahlreiche Leute befragt, warum sie aus reiner Lust, sozusagen aus freien Stücken, ins Osnabrücker Land und nach Osnabrück reisen. Dabei kamen überraschende und erstaunliche Antworten zutage, die Verlag und Autor den Leserinnen und Lesern nicht vorenthalten wollen.

Ein Ehepaar aus Castrop-Brauxel im Zug vor Osnabrück: »Weil wir uns einmal eine Stadt mit glücklichen und zufriedenen Bewohnern ansehen wollen!«

Eine ältere Dame antwortete kurz und knapp: »Ich möchte die Vaterstadt von Johnny Lück besuchen. Sie kennen doch Johnny Lück – aus Osnabrück!?« (Wir wünschen viel Spaß, sagen aber: »No way«.)

Ein Paar im Zug hinter Bremen: »Aus Gerechtigkeit, sonst hat Münster ja so oft die Nase vorn.«

»Wegen einer Wette: Hat der Dom in Osnabrück nun wirklich zwei ungleiche Türme? Einen dicken und einen dünnen?«

Eine Trachtengruppe aus Bayern will zu einer privaten Feier in den Ledenhof, bei knisterndem Kaminfeuer. »Die Atmosphäre im Renaissancesaal – umwerfend!«

Ein junger Herr, offensichtlich vor kurzem noch Student, kommt wegen »Remarque« nach Osnabrück. Mehr sagt er nicht.

Warum Osnabrücker Land?

»Vor allem wegen Libeskind«, antwortet ein Mann, der Architekt sein könnte, »Der hat das hervorragende Felix-Nussbaum-Haus errichtet. Geht ganz sicher in die Geschichte der Architektur ein.«

Eine kunstbeflissene Dame ist den drei Äpfeln des Kronleuchters im Rathaus Osnabrück auf der Spur.

Eine Schulgruppe möchte gleich weiter nach Kalkriese, zum Ort der Varusschlacht, wo im Jahre 9 n. Chr. Germanen ein römisches Heer vernichteten.

Ein Kegelverein aus dem Land Hadeln will wissen, was es mit dem berühmten »Bramscher Rot« im Tuchmacher Museum Bramsche auf sich hat.

Eine Schulklasse unisono: »Na hören Sie mal, wir wollen wissen, wie das war, mit den Germanen und den Römern vor 2000 Jahren!« (Hätten wir uns auch denken können.)

Eine Familie mit zwei Buben hat dreimal den Film »Jurassic Park« gesehen. Nun müssen sie nach Barkhausen. Zu den Saurierfährten.

Ein Reporter eines bekannten Hamburger Magazins fuhr nach Stift Börstel: »Ein letzter Ort«, murmelte der Mann. Mehr war aus ihm nicht rauszukriegen.

➢ Der Schlossgarten

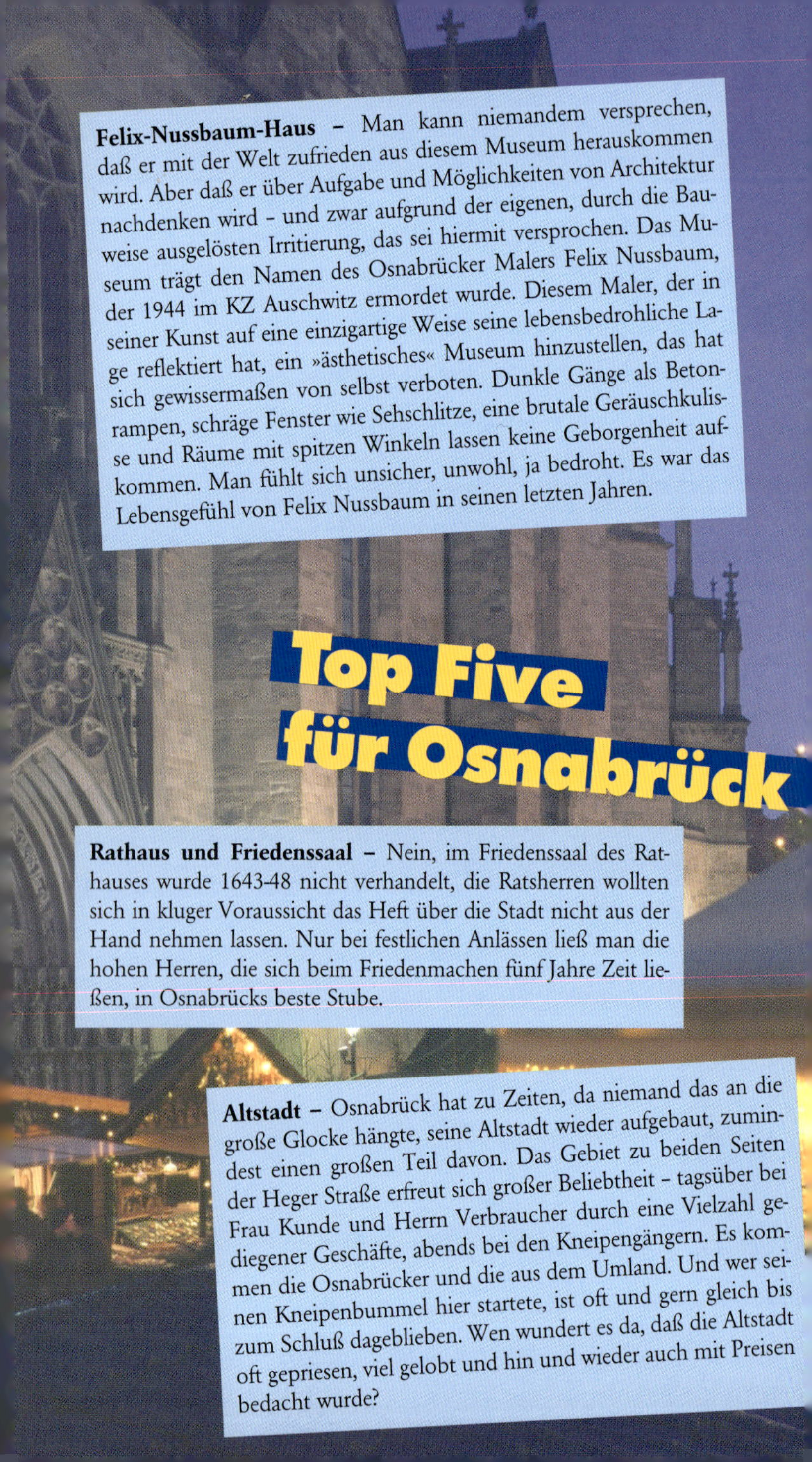

Felix-Nussbaum-Haus – Man kann niemandem versprechen, daß er mit der Welt zufrieden aus diesem Museum herauskommen wird. Aber daß er über Aufgabe und Möglichkeiten von Architektur nachdenken wird – und zwar aufgrund der eigenen, durch die Bauweise ausgelösten Irritierung, das sei hiermit versprochen. Das Museum trägt den Namen des Osnabrücker Malers Felix Nussbaum, der 1944 im KZ Auschwitz ermordet wurde. Diesem Maler, der in seiner Kunst auf eine einzigartige Weise seine lebensbedrohliche Lage reflektiert hat, ein »ästhetisches« Museum hinzustellen, das hat sich gewissermaßen von selbst verboten. Dunkle Gänge als Betonrampen, schräge Fenster wie Sehschlitze, eine brutale Geräuschkulisse und Räume mit spitzen Winkeln lassen keine Geborgenheit aufkommen. Man fühlt sich unsicher, unwohl, ja bedroht. Es war das Lebensgefühl von Felix Nussbaum in seinen letzten Jahren.

Top Five für Osnabrück

Rathaus und Friedenssaal – Nein, im Friedenssaal des Rathauses wurde 1643-48 nicht verhandelt, die Ratsherren wollten sich in kluger Voraussicht das Heft über die Stadt nicht aus der Hand nehmen lassen. Nur bei festlichen Anlässen ließ man die hohen Herren, die sich beim Friedenmachen fünf Jahre Zeit ließen, in Osnabrücks beste Stube.

Altstadt – Osnabrück hat zu Zeiten, da niemand das an die große Glocke hängte, seine Altstadt wieder aufgebaut, zumindest einen großen Teil davon. Das Gebiet zu beiden Seiten der Heger Straße erfreut sich großer Beliebtheit – tagsüber bei Frau Kunde und Herrn Verbraucher durch eine Vielzahl gediegener Geschäfte, abends bei den Kneipengängern. Es kommen die Osnabrücker und die aus dem Umland. Und wer seinen Kneipenbummel hier startete, ist oft und gern gleich bis zum Schluß dageblieben. Wen wundert es da, daß die Altstadt oft gepriesen, viel gelobt und hin und wieder auch mit Preisen bedacht wurde?

Turm der Marienkirche – Man hat von dort oben ganz Osnabrück unter sich: den Markt, das Rathaus, die Waage, den Dom mit seinen ungleichen Türmen und die schneeweiße Pauluskapelle, dann die Katharinenkirche und die Johanniskirche in der Neustadt. So mancher kommt hier ins Träumen und treibt Giebel-Studien, der nächste entdeckt die Windfahne auf dem Rathaus mit der bedeutsamen Jahreszahl »1648«, andere wollen es mit den Hügeln genau wissen: Welcher ist der Westerberg, der Piesberg, der Gertrudenberg? Wieviele Besucher sich hier schon gestritten haben, welche Bergkette der Teutoburger Wald ist und welche das Wiehengebirge, weiß kein Mensch. Man könnte glatt das alte Spiel treiben: Sag mir, was du siehst, und ich sage dir, wer du bist.

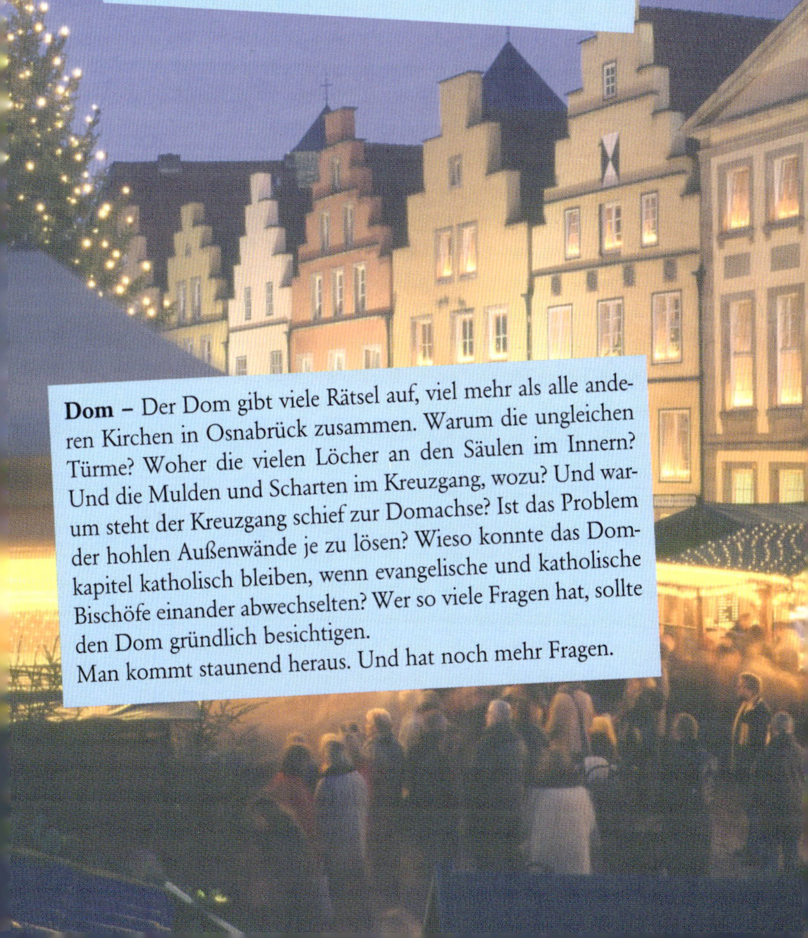

Dom – Der Dom gibt viele Rätsel auf, viel mehr als alle anderen Kirchen in Osnabrück zusammen. Warum die ungleichen Türme? Woher die vielen Löcher an den Säulen im Innern? Und die Mulden und Scharten im Kreuzgang, wozu? Und warum steht der Kreuzgang schief zur Domachse? Ist das Problem der hohlen Außenwände je zu lösen? Wieso konnte das Domkapitel katholisch bleiben, wenn evangelische und katholische Bischöfe einander abwechselten? Wer so viele Fragen hat, sollte den Dom gründlich besichtigen.

Man kommt staunend heraus. Und hat noch mehr Fragen.

Das **Stadtmuseum in Quakenbrück** ist eine wahre Schatzgrube. Zu sehen sind Quakenbrücker Zinnkrüge von 1729 und 1740, der berühmte Quakenbrücker Sachsenspiegel von 1422 mit der Gesetzessammlung des Burgmannsrechts, die Knopfsche Apotheke von 1653, Altländer Blaudruck, eine holländische Fliesensammlung und ein Durk (Alkoven). Unter dem Dach reiht sich Zünftiges, Handwerkliches und Berufsständisches aneinander: Contor, Post, Zimmerer-Werkstatt, Arbeitsstätten eines Drechslers, Sattlers, Polsterers und Klempners. Auch ein Einkehrhaus gibt es, wo sonntags die Kirchgänger einkauften und gleich einen heben konnten.

Top Five für das Osnabrücker Land

Schloß in Bad Iburg – Die Stadt am Südrand des Teutoburger Waldes ist ganz auf Benno eingestellt. Gemeint ist der zweite Benno, der begnadete Redner, berühmte Baumeister, berüchtigte Taktierer und große Stratege. Benno hatte viele Talente, und ein Schlitzohr war er auch. Zur Not hat er auch Urkunden fälschen lassen, immer zum Wohle seines Königs und der Kirche. Kein Wunder, daß das malerische Bad Iburg noch immer ganz im Banne des berühmten Mannes steht. Wer sein Schloß besichtigen will, sollte gleich eine offizielle Führung mitmachen. Denn Bennos Burg ist in festen Händen.

Tuchmacher Museum Bramsche – Man findet so schnell kein Museum in Deutschland, das den gesamten Prozeß der Tuchherstellung von der Wolle bis zum fertigen Stoff in allen Schritten zeigt. Dabei war Bramsche nie fortschrittlich in technischen Angelegenheiten, die Tuchmacher waren kleine Leute, die der Entwicklung in England immer um Längen hinterherhinkten. Wieviel Know-how in Bramsche bis heute versammelt ist, erfährt man bei einer Führung. Und so mancher hat vor dem rasselnden Jacquard-Webstuhl sein Ur-Erlebnis des technischen Fortschritts gehabt.

Kalkriese – Es ist schon seltsam, daß ein britischer Offizier »Kalkriese« gefunden hat, den Ort der Varusschlacht im Jahre 9 n. Chr. Und das, obwohl die Deutschen seit Luther danach suchten. Detmold mit dem Hermannsdenkmal ist »out«, Kalkriese bei Bramsche schwer im Kommen. Die Archäologen rechnen mit weit über 30 Jahren Grabungsarbeit, bis das über 17 Kilometer lange Schlachtfeld erschlossen sein wird. »Kalkriese«, die bedeutendste Sehenswürdigkeit des Osnabrücker Landes, wird sich dem Interessenten erst nach und nach ganz erschließen. Grund genug, ab und zu das »Museum und Park Kalkriese« am Ort der Schlacht aufzusuchen. Übrigens hat Anthony Clunn, jener britische Major, der den Deutschen ihr »liebstes Schlachtfeld« zurückgegeben hat, von seiner Königin Elisabeth II. den Orden des Britischen Empire verliehen bekommen.

Saurierfährten bei Barkhausen – Die mit Abstand älteste Sehenswürdigkeit im Osnabrücker Land sind die Saurierfährten im Wiehengebirge zwischen Melle und Bad Essen. Die Fußabdrücke des vegetarisch veranlagten Elephantopoides barkhausenensis und des auf den Hinterläufen schreitenden, dreizehigen Fleischfressers Megalosauropus teutonicus regen die Phantasie ungemein an: Ob damals, vor 120 Millionen Jahren, der eine dem anderen hungrig nachstellte, ein fettes Mahl vor Augen? Ein Saurierdrama im Huntetal?

Willkommen in Osnabrück

➢ Die Osnabrücker Nachtwächter laden zur Stadtbesichtigung

Stadt an der Hase

Es ist schon viele Jahre her, da veröffentlichte die Illustrierte »Stern« das Ergebnis einer Umfrage über deutsche Großstädte, nach der es um Osnabrück nicht gerade gut stand: Die Stadt war im Lande fast unbekannt. Man wußte zwar, es gibt die Stadt als solche, schließlich halten die Fernzüge am Osnabrücker Bahnhof, aber welches Bild die Stadt bot, wie ihre geschichtliche Entwicklung verlaufen war und was es dort zu sehen gibt, wußte fast niemand. Nicht, daß Osnabrück ein schlechtes Image gehabt hätte - die Stadt hatte gar keines.

Erfreulicherweise hat sich dieser Zustand vor kurzem ganz erheblich gewandelt. Man konnte sich wundern, als im Juni 1998 der Dalai Lama nach Osnabrück zu Besuch kam.

Im Sommer 1998 stellte Osnabrück das aufsehenerregende Felix-Nussbaum-Haus vor. Damals wachten die Kunst- und Architekturkenner auf: Osnabrück, so wurde erstaunt registriert, besitzt die größte Nussbaum-Sammlung Deutschlands, ausgestellt in einem der spektakulärsten Museumsneubauten der Republik. Ebenfalls im Sommer 1998 waren die Feuilletons voll mit Beiträgen über Erich Maria Remarque, wie Nussbaum ein Sohn der Stadt Osnabrück. Nebenbei stellte man fest, daß es in der Stadt eine Forschungsstätte über Leben und Werk des Autors gibt, der den Weltbestseller »Im Westen nichts Neues« schrieb - mit ausgezeichneten Beständen. Und als im Oktober 1998 königliche Würdenträger aus ganz Europa Osnabrück mit ihrem Besuch beehrten, um den 350. Jahrestag des Westfälischen Friedens zu begehen, stellte sich weithin der Ein-

druck ein, daß man Osnabrück bisher unterschätzt hatte: Die Stadt ist weitaus interessanter, als gemeinhin angenommen wird.
Rund um Osnabrück weiß man seit eh und je, daß die Stadt binnen kurzem viele Pluspunkte gesammelt hat. Die Osnabrücker Altstadt erfreut sich aufgrund der sensiblen Restaurierung und Sanierung großer Beliebtheit bei den Besuchern aus dem Umland. Die engen, winkligen Straßenzüge zwischen Markt und Heger Tor wurden sogar mit Preisen ausgezeichnet. Und wieder zeigt sich: Osnabrück hat viel zu bieten, weitaus mehr als erwartet. Nur wußten bisher nicht allzuviele Zeitgenossen davon.

Metropole Westniedersachsens

Mit knapp 165.000 Einwohnern ist Osnabrück die drittgrößte Stadt Niedersachsens. Die beiden großen Konfessionen sind zu fast gleichen Teilen vertreten: Je 39 Prozent der Bevölkerung sind protestantischen bzw. katholischen Glaubens. Mag sein, daß dieses Gleichgewicht der Tatsache zu verdanken ist, daß über 150 Jahre protestantische und katholische Fürstbischöfe sich in der Herrschaft abwechselten. Die Stadt ist Sitz des Bistums Osnabrück (Anteil der Katholiken: 29,7 Prozent), hat eine Universität und kann dank der Kohlevorkommen am Piesberg auf eine frühe Industrialisierung zurückblicken. Die Stahlindustrie hat in Osnabrück und im benachbarten Georgsmarienhütte eine lange Tradition.
Obwohl Osnabrück von Karl dem Großen am Schnittpunkt mehrerer Verkehrswege gegründet wurde, lag die Stadt in den letzten Jahrhunderten keineswegs mehr so günstig wie im Mittelalter. Der Lauf der

Geschichte nahm keine Rücksicht auf alte Verbindungen. Bereits zur Zeit des Königreichs Hannover lag Osnabrück am Rande des Landes, und so ist es bis heute geblieben, wie ein Blick auf die Landkarte zeigt: Die am südwestlichen Rand Niedersachsens gelegene Stadt ist durch die Ausbuchtung des Grenzverlaufs nach Süden auf drei Seiten von Nordrhein-Westfalen umgeben.

Wer die geographische Lage Osnabrücks begreifen will, der gehe die 119 Stufen hoch auf den Turm der Marienkirche am Markt. Die Stadt an der Hase liegt mitten in einer Mulde zwischen dem Teutoburger Wald im Süden und dem Wiehengebirge im Norden. Diese Mulde ist keineswegs eben oder flach, ganz im Gegenteil. Osnabrück ist eine ausgesprochen hügelreiche Stadt mit Westerberg, Piesberg, Gertrudenberg und Schölerberg als den bedeutendsten Erhebungen. Jede dieser Anhöhen hat ihre eigene, unverwechselbare Geschichte.

Gleich vor der Haustür, im Ortsteil Eversburg, ragt Nordrhein-Westfalen wie ein Keil in das Weichbild der Stadt hinein. Obwohl der Dialekt auf beiden Seiten der Grenze das Platt ist, obwohl die Trinksitten hüben und drüben ähnlich ruppig sind (»kurz und lang«) und obgleich sich die Osnabrücker traditionell zu Westfalen zählen, beginnt dort ein anderes Terrain. Die Grenze ist keineswegs nur eine Angelegenheit der Verwaltung. Dort fängt das Tecklenburger Land an, dort glaubt und fühlt man streng katholisch und blickt nach Münster, obwohl die Großstadt Osnabrück so dicht vor der Haustür liegt.

Auf Münster ist man in Osnabrück nicht gar so gut zu sprechen. Münster und Osnabrück hatten bis zum Dreißigjährigen Krieg eine recht ähnliche Entwicklung als Ackerbürgerstadt, gingen danach aber verschiedene Wege. Osnabrück entwickelte sich als gemischt konfessionelle Ackerbürgerstadt zum Industrierevier. Münster hingegen blieb betont katholisch und wurde zur Residenz- und Beamtenstadt. Beide sind in ihrer Rivalität wie aneinander gekettet und suchen sich zu übertrumpfen, wo sie können. Münster hatte oft die Nase vorn. Nun kommt Osnabrück an die Reihe – mehr darüber in diesem Reiseführer.

➢ Der Dom in Osnabrück – Urzelle der Stadt

Geschichte

Geschichte Osnabrücks

Erste Spuren

Gräber, Tonkrüge, Waffen und Geräte geben Auskunft über das Leben in der Urzeit im Osnabrükker Land. Bereits in der **jüngeren Steinzeit** (4000 bis 2000 v. Chr.) lebten Jäger im Osnabrücker Gebiet. Markante Zeugnisse dieser Zeit sind die Großsteingräber, z.B. die Sundermannsteine bei Sundermanns Hof. Allmählich wurden aus den umherstreifenden Jägern seßhafte Bauern, die Häuser errichteten, Viehzucht betrieben und Keramik herstellten. Etwa 1000 v. Chr., also in der zweiten Hälfte der Bronzezeit (2000 bis 750 v. Chr.), trafen die aus Schweden vorstoßenden Germanen im Osnabrücker Land ein. Sie setzten ihre Toten nicht in Megalithgräbern bei, sondern verbrannten sie und bestatteten die Asche in Urnen.

In der **Eisenzeit** (750 v. Chr. bis 350 n. Chr.) wurde am Piesberg, also auf heutigem Stadtgebiet, Eisen gewonnen, wie der Fund eines Schmelzofens und einiger Schlackenhalden beweist, die vermutlich aus den letzten Jahrhunderten vor Christi Geburt stammen. Der Ort war damals vermutlich bereits besiedelt. Bedeutendstes Ereignis dieser Zeit im Gebiet um Osnabrück ist die **Varusschlacht** im Jahre 9 n. Chr., in der Germanen unter Arminius bei Kalkriese ein römisches Heer vernichteten.

Frühes Mittelalter, die Sachsenkriege

Nach der Völkerwanderung (um 500) drangen die **Sachsen** in das Osnabrücker Land vor. Zur Zeit des sächsischen Herzogs Widukind gehörte das Gebiet zu ihrem Kernland. Zum ersten Mal tritt der Ort der späteren Stadt Osnabrück während der **Sachsenkriege (770–804)** in den Vordergrund. **Karl der Große (768–814)** unterwarf

➢ Apotheose der Gründung Osnabrücks (Ausschnitt)

in einem dreißig Jahre währenden Krieg die Sachsen und bekehrte sie mit dem Schwert zum christlichen Glauben. Zwischen dem Teutoburger Wald und dem Wiehengebirge gründete er im Jahre **780** an einer Furt durch die Hase eine **Missionskirche**, die er nach der entscheidenden **Schlacht an der Hase** am Slagvorderberg (heute Klushügel) **783** zum Mittelpunkt eines **Bistums** erklärte. Noch vor dem Jahr 787 wurde die erste **Domkirche St. Peter** geweiht. Der erste Bischof des ältesten Bistums Westfalens war Wiho.

Der Ort des Königshofs war geschickt gewählt, kreuzte sich doch an der Furt, am linken Ufer der Hase, die alte Fernhandelsstraße vom Rhein nach Minden an der Weser mit einer Süd-Nord-Route, die von Köln und Münster nach Bremen und Hamburg führte. Der Bischofssitz, die Domburg, bestand zu Beginn aus wenig mehr als einer steinernen Kirche und einigen Bauten in einer rechteckigen Befestigung südlich des heutigen Doms.

Gleichzeitig mit der Domburg war westlich des Doms eine Ansiedlung mit Bauern, Kaufleuten und Handwerkern entstanden, die die Geistlichen und Missionare mit Lebensmitteln versorgten. Das Anwesen verfügte über einen Markt und eine eigene Kirche, die Marien- oder Marktkirche, deren erster Bau bereits zu

Die Herkunft des Namens Osnabrück konnte bisher nicht vollständig geklärt werden. Eine populäre Deutung leitet den Namen von *Ossenbrugge*, *Asanbruggi* oder *Osnabrugga* her, was soviel wie »Ochsenbrücke« bedeutet. Auch der Name einer altsächsischen Siedlung *Ahusen* oder *Ohusen* wurde bemüht, woraus *Ahusenbruggi* bzw. *Ohusenbruggi* wurde.

➢ Blick auf die Hase und die Vitischanze

Beginn des 10. Jh. errichtet wurde. Die Siedlung wurde von der Hasestraße, der Lohstraße und dem Markt begrenzt. Die Anlage dieser **Marktsiedlung** ist bis heute am Verlauf von Lohstraße, Bierstraße, Krahnstraße, Nikolaiort und Herrenteichsstraße zu erkennen. Südlich des heutigen Rathauses stand das Heger Tor.

Bis etwa Mitte des 12. Jh. bestand die Ortschaft aus der **Domburg** und der Marktsiedlung, beide geschützt durch die Hase im Osten und die halbkreisförmige Poggenbachaue, deren Verlauf ungefähr an der Herrenteichsstraße, Krahnstraße, Bierstraße und Lohstraße erkennbar ist. Jenseits der Poggenbachaue gab es vereinzelt kleine Siedlungsbereiche, die durch Niederungen und Feuchtgebiete voneinander getrennt waren.

In der 2. Hälfte des 12. Jh. begann man, diese Gebiete trockenzulegen und zu erhöhen, die Poggenbachaue wurde aufgefüllt, der Bach selbst kanalisiert und befestigt. Als Osnabrück **1171** das erste Stadtprivileg erhielt, war vermutlich bereits eine Stadtmauer im Bau. Reste davon fand man an mehreren Stellen, unter anderem im Hof der Ursulaschule als Teil der Hellingsmauer.

Die neuen Siedlungsgebiete, die in einem Halbkreis um Domburg und Marktsiedlung lagen, nannte man Laischaften, von niederdeutsch letskup, Gliedschaft. Sie entwickelten sich rasch zu eigenen Stadtteilen. Im Norden erstreckte sich die **Hase-Laischaft**, im Westen die **Butenburg**, wo meist Handwerker lebten, im Süden die **Johannis-Laischaft** mit überwiegend bäuerlicher Bevölkerung. Um 1250 war die Anlage der Altstadt, die eine Fläche von 50 Hektar umfaßte, abgeschlossen. Der Grundriß, der damals angelegt wurde, ist bis heute zu erkennen.

Während Dom, Marktsiedlung und die drei **Laischaften** als eine Stadt galten, nahm die Entwicklung im Süden zeitweise einen anderen Weg. Dort hatte vor dem Südtor, unmittelbar an der Fernhandelsstraße Frankfurt-Paderborn-Bielefeld, Bischof Detmar **1011** ein Kollegiatstift gegründet, das Johannes dem Täufer in der Wüste geweiht war und sich zur Keimzelle der **Neustadt** entwickelte. Mittelpunkt der neuen Siedlung war die erste Johanneskirche. Ein Wassergraben - erkennbar am Verlauf der Straße Neuer Graben - trennte Alt- und Neustadt. Bis zu ihrer Vereinigung im Jahre 1307 waren beide, rechtlich gesehen, zwei Städte.

Stadtwerdung im Mittelalter

So überschaubar sich die frühe Baugeschichte Osnabrücks darstellt, so schwierig war die Entstehung der bürgerlichen Stadt. Die vom Kaiser geschaffene Konstellation war außerordentlich konfliktträchtig: Einerseits verfügte der Bischof über eine starke Position, andererseits hatte der Kaiser dem Mann der Kirche einen weltlichen Vertreter an die Seite gestellt, den Vogt, der den Osnabrücker Bischöfen ausgesprochen lästig war. Die Vogtei über das Bistum Osnabrück hatten die **Grafen von Tecklenburg** inne, ein überaus ruppiges Geschlecht. Da sie auch die obersten Richter im Bistum waren, redeten sie den Osnabrückern ständig in deren eigene Gerichtsbarkeit hinein. Insofern traf es sich gut, daß **1186** dem Bischof von Osnabrück die **Lehenshoheit** über die Tecklenburger Grafen zugesprochen wurde. Das Ziel, das Amt des Vogtes zu übernehmen, war damit einen Schritt näher gerückt. Da aber die Tecklenburger Grafen das Vogteigericht behalten konnten, waren die Konflikte mit dem kampffreudigen Nachbarn im Westen noch nicht beigelegt.

Das städtische Bürgertum konnte sich unter diesen Bedingungen nur allmählich vom Bischof emanzipieren. Der Bischof ernannte

➢ Die Vitischanze, nördlichster Punkt der alten Stadtbefestigung

Mitte des 11. Jh. den Richter und den rector civitatis, eine Art Bürgermeister. Die Bezeichnung civitas, die erstmals 1147 auftauchte, bedeutete zum Teil die Anerkennung als Stadt. Zudem regelten die Bürger wichtige Angelegenheiten bereits eigenständig. Zum Beispiel die Verteidigung. Wenn die Bur-Glocke der **Bürgerkirche St. Marien** läutete, hieß es für alle, zu den Waffen zu greifen. Im Jahre **1171** genehmigte **Kaiser Friedrich Barbarossa** den Bewohnern eine **eigene Gerichtsbarkeit**: Kein Bürger der Stadt mußte vor einen auswärtigen Richter treten, wenn er vor dem eigenen Gericht erschien.

1225 verkaufte Bischof Engelbert von Köln die Hälfte des Bur-Gerichts an Osnabrück. Die Bürger konnten fortan bei der Ernennung des Bur-Richters mitbestimmen und bekamen die Hälfte der Gerichtseinnahmen. Dies war ein wichtiger Schritt, denn der Bur-Richter war gleichzeitig der rector, also Bürgermeister.

Die Konflikte zwischen Bürgerschaft, Bischof und den Tecklenburger Grafen spitzten sich zu, als der Mörder des Erzbischofs Engelbert von Köln auf der Burg des Tecklenburger Grafen Schutz suchte. Es begann ein über zehn Jahre dauernder Konflikt, in dem der Osnabrücker Bischof und die Bewohner der Stadt auf seiten Kölns standen. **1236** mußte der Graf von Tecklenburg das Vogteirecht über die Osnabrücker Kirche für 800 Mark an den Bischof verkaufen. Damit war auch die weltliche Macht des Bischofs endgültig abgesichert. Mit diesem Jahr begann die Geschichte des Hochstiftes Osnabrück als kirchliches und weltliches Territorium.

Im 13. Jh. entwickelte sich Osnabrück unter seinem Bischof zur eigenständigen Stadt. Ausdruck der neuen Machtfülle war der Bau eines Rathauses samt Gerichtslaube am Markt, Ecke Krahnstraße. In der Mitte des 13. Jh. schloß Osnabrück mit einigen Städten wirtschaftliche Abkommen, die den Händlern Vorrechte einräumten und gerichtliche Absprachen trafen – darunter das **Ladberger Abkommen von 1246** mit Münster und Minden und das **Vierstädtebündnis von 1253** mit Dortmund, Münster und Soest. Im 13. Jh. entstanden große Kirchenbauten: Aus der ersten Hälfte des Jahrhunderts stammt ein älterer Bau der Katharinenkirche, **um 1235** war die Klosterkirche auf dem Gertrudenberg vollendet. **1256** begann der Neubau der **Johanniskirche**. In der zweiten Hälfte des 13. Jh. wurde die **Dominikanerkirche** an der Bierstraße fertiggestellt, auch die **Barfüßerkirche** neben der Katharinenkirche und die **Augustinerkirche** am Neumarkt stammen aus jener Zeit. **Um 1300** wurde die **Marienkirche (Marktkirche)** erneuert.

➢ Der Dom St. Peter – Mittelpunkt des Dombezirks

Spätes Mittelalter

Osnabrück war im 14. Jh. eine stark befestigte Stadt mit einem regen Wirtschaftsleben. Das weckte Begehrlichkeiten. So unternahm **Graf Simon von der Lippe** immer wieder räuberische Überfälle im Hochstift - bis ihn der Bischof, unterstützt durch Osnabrücker Bürger, gefangennahm. Nach der Legende hat man ihn drei Jahre im Bocksturm in einem aus Eichenbohlen gefertigten Kasten schmoren lassen, dem sogenannten Johanniskasten. Auch der **Graf von Tecklenburg** gab keine Ruhe: Unterstützt vom Bischof von Münster, dem Grafen von Jülich und anderen kämpfte er am **4. November 1308** auf dem **Haler Feld** gegen den Bischof und die Bürger Osnabrücks - und verlor. In letzter Minute konnten die Osnabrücker Kürschner das Blatt zugunsten ihrer Stadt wenden.

In das Jahr **1307** fällt die **Vereinigung von Altstadt und Neustadt**. Damals wurde festgelegt, daß sich jedes Jahr am Tag nach Neujahr die Bürgermeister und Schöffen der Alt- und Neustadt im Rathaus versammeln sollten, um unter Eid zu geloben, nur zum Wohle der Städte tätig zu sein. Die Erinnerung an diese Ratswahl, den sogenannten **Handgiftentag**, wird in Osnabrück bis heute feierlich begangen.

Das Wirtschaftsleben Osnabrücks entwickelte sich vortrefflich: Am Kreuzpunkt wichtiger **Fernhandelsstraßen** gelegen, war die Stadt eine bedeutende Zwischenstation des Handels zwischen Holland

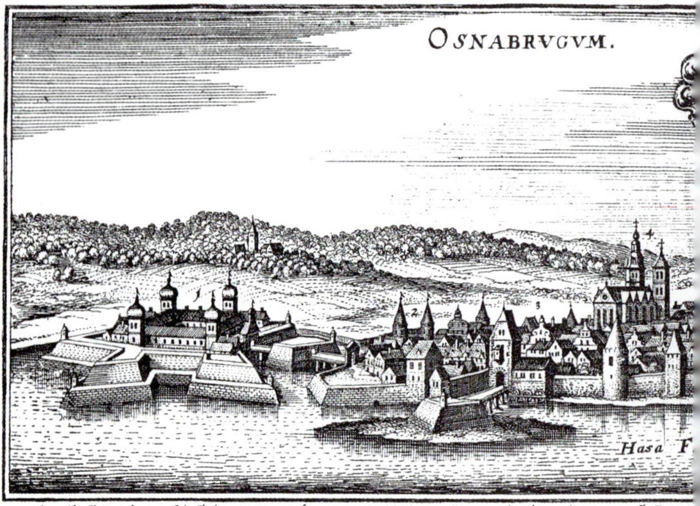

1. Castrū S. Petri et Resid. Episc. 2. Porta S. Iohannis. 3. Hospitale. 4. S. Iohañis par. 5. T. S. Ignatij. 6. Coll. Soc. Iesu. 7. Acad. Jardina. 8. S. Catharinæ par. 9. S. Francis 10. S. Claræ

und Flandern bzw. dem rheinisch-westfälischen Raum und Bremen, Hamburg, Lübeck und dem Ostseeraum. Besonders nach Gründung der Hanse nahm das Wirtschaftsleben einen erheblichen Aufschwung: Mit Deventer, Kampen und Zwolle in Holland unterhielt Osnabrück intensive Handelsbeziehungen, die Kontakte mit Lübeck waren exzellent, nach Bremen gut, mit Hamburg gab es ab und zu Ärger. Im regionalen Handel dominierte Osnabrück das Wirtschaftsleben und unterdrückte die Niederlassung von Handwerkern in den Dörfern.

Für die Bauern des Osnabrücker Landes war die Stadt das Zentrum schlechthin, besonders die **1404** gegründete **Legge**, eine Art Prüfstelle und Börse für Leinen, war sehr bedeutend: Die Bauern legten dort ihr Leinen vor, das begutachtet und klassifiziert wurde und mit der Osnabrücker Beschaumarke, dem sechsspeichigen Rad des Stadtwappens, versehen wurde. An Ort und Stelle wurde das Leinen auch verkauft. Auf dem Marktplatz boten die Handwerker und Bauern in festen Verkaufsbuden, den sogenannten Gademen, ihre Waren an. Erst allmählich bildeten sich auch in den Häusern der Handwerker eigene Verkaufsstellen.

Der Friede in der Stadt war gleichwohl stets brüchig. Unruhe ging oft von den Handwerkern aus, die sich gegenüber dem Patriziat und den Bürgern im Nachteil sahen. Sie schlossen sich zu Ämtern für verschiedene Handwerkszweige zusammen und bildeten die **Gil-**

➢ Das stark befestigte Osnabrück in einem Stich von Merian

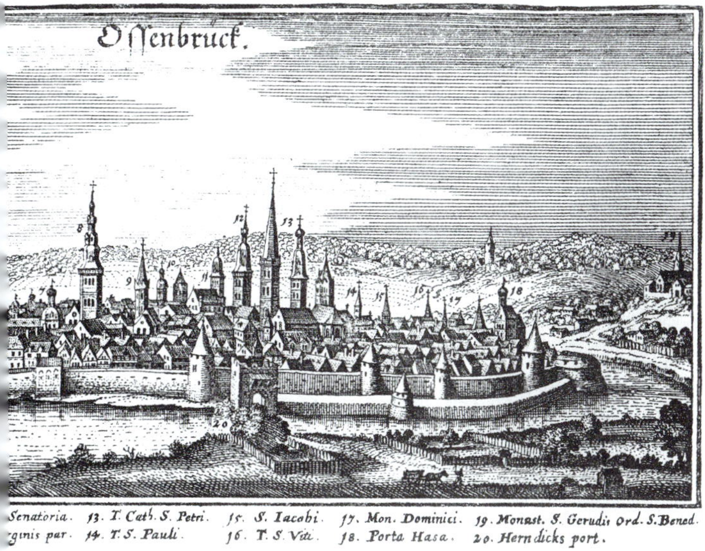

de als ihre Interessenvertretung. Sie mußten lange darum kämpfen, auch im Rat mit Sitz und Stimme vertreten zu sein. Sehr bedeutend im sozialen Leben der Stadt waren die **Laischaften**, die zusammen mit den Bürgern, die keine Handwerker waren, in der sogenannten **Wehr** organisiert waren. Gilde und Wehr mußten auch die Verteidigung der Stadt übernehmen. Erst später bildeten sich die Schützen heraus.

1350 brach die **Pest** in Europa aus, die auch in Deutschland große Opfer forderte. Man machte die Juden dafür verantwortlich und »rächte« sich auch in Osnabrück mit brutalen Pogromen. **1363** ließ der Bischof nach einer Schlacht den Stiftsverweser des Bischofs, die Bürgermeister beider Städte und zahlreiche Ratsherren gefangennehmen und erst gegen hohe Lösegeldzahlungen wieder frei. Erneut nutzten die **Grafen von Tecklenburg** die Gunst der Stunde. Nach einigen Feldzügen konnte sich Osnabrück aber behaupten.

Im Jahre **1487** wurde der Grundstein des **Rathauses** gelegt, das 1512 eingeweiht werden konnte. Seit dieser Zeit hat der Markt seine charakteristische Dreiecksform, bis heute. Damals erhielt Osnabrück vom Bischof das Monopol für den Handel mit Leinen im Hochstift, so daß die **Legge** die gesamte Leinenproduktion des Umlandes an sich zog. **Leinen** wurde fortan die **bedeutendste Ware** im Handel mit den anderen Städten der Hanse. Ende des 16. Jh. entstanden die markanten Giebelhäuser am Markt, die vom Reichtum der Stadt und vieler ihrer Bürger zeugen. Eine große Persönlichkeit jener Jahre war der weit über Osnabrück hinaus bekannte Bürgermeister **Dr. Ertwin Ertman**, Berater und Freund seines Landesherrn, des Bischofs Konrad IV. von Rietberg, und allseits geachteter Schlichter bei Streitfällen innerhalb der Hanse. Nebenbei schrieb er eine Bischofschronik von den Anfängen des Bistums bis in seine Gegenwart.

Obwohl Osnabrück sich wirtschaftlich gut entwickelte, gab es Unruhe in der Stadt. So kam es **1429/30** zu den Rampendahlschen Unruhen. Am 1. Januar 1430, einen Tag vor der Ratswahl, forderte Rampendahl mit Unterstützung zahlreicher Bürger der Stadt, daß derjenige bestraft werden solle, der gegen das Gemeinwohl verstoße. Die Annahme von Geschenken sollte verboten sein, im Rat sollten nur die sitzen, die keine fremden Herrn hätten, und Gerichtsprozesse sollten binnen eines Monats abgeschlossen sein. Zähneknirschend mußten die Ratsherren zustimmen. Ein halbes Jahr später kam der Gegenschlag: **Rampendahl** und **Spranke**, zwei der Wortführer, wurden hingerichtet, die Mitglieder der Rampendahlsgemeinschaft verloren das aktive und passive Wahlrecht. Im Jahre **1488** gab es wieder Unruhe in der Stadt: Der **Schneider Lenethum** wiegelte die Unzufriedenen gegen den Rat auf, fast zwei Jah-

re waren die Ratsherren machtlos. **1490** wurde er hingerichtet.
Im Jahre **1529** brach in Osnabrück ein Seuche aus, die **»englischer Schweiß«** genannt wurde und zahl-reichen Bewohnern den Tod brachte. 1530 zerstörte ein Großbrand fast die gesamte Altstadt von der Hakenstraße bis zur Hase. Die Folge waren Unruhen in der Stadt, Feindseligkeiten und die irrationale Suche nach den Schuldigen für die Not. Der Bischof mußte fliehen, kam aber mit einem Heer zurück und belagerte die Stadt. Osnabrück mußte ein hohes Lösegeld an seinen Landesherrn zahlen, um die Eroberung abzuwenden.

Die Reformation in Osnabrück

Überall im Land herrschte zu Beginn des 16. Jahrhunderts eine tiefe Unzufriedenheit mit den erstarrten Strukturen des Feudalsystems. Es trafen Nachrichten ein, daß ein gewisser Luther aus Wittenberg unerhörte Forderungen an Obrigkeit und Kirche gestellt hatte. **Gerhard Hecker**, Mönch des Augustinerklosters am Neumarkt, kannte Luthers Ansichten recht genau. In einer Predigt, deren Wortlaut nicht überliefert ist, äußerte er 1521 im Geiste Luthers grundlegende Kritik an der Kirche: Er vertrat Luthers Idee von der Gemeindekirche, von der Abschaffung des Zölibats und des Ablasses sowie von der Reformierung des gesamten Kirchenlebens im Sinne des Neuen Testaments. Die Vorgänge im Augustinerkloster zogen ihre Kreise, andere Kritiker schlossen sich den neuen Ideen an, unter anderen **Hamelmann**, der spätere Chronist der Reformation in Osnabrück, **Lukas von Horsten**, Lektor des Dominikanerklosters, und **Liborius Missing**, der Dompastor.
Doch bis sich die lutherische Reformation in Osnabrück durchgesetzt hatte, sollten noch einige Jahre vergehen. Radikalere Kritiker als die Anhänger Luthers hatten schon in Münster die Macht an sich gerissen und eine Art republikanischen Gottesstaat errichtet. Auch in Osnabrück trafen »Wiedertäufer«, wie

➢ Bauernpaar nach einem Stich von Albrecht Dürer

sie spöttisch aufgrund ihrer Ablehnung der Kindertaufe genannt wurden, nach dem großen Brand von 1530 ein. Sie verkündeten ihr neues Gottesreich und warfen Goldstücke mit dem Konterfei ihres Königs unter das Volk. Als Unruhen auszubrechen drohten, setzte der Rat sie im Bocksturm gefangen und ließ sie nachts von der Stadtmauer abseilen, wo sie sogleich von den Mannen des Bischofs gefangengenommen wurden.

Bischof Franz von Waldeck (1532–55) erwies sich als großer Förderer der **Reformation in Osnabrück**. Er holte 1543 **Hermann Bonnus**, den Superintendenten von Lübeck, in die Stadt. Bonnus, gebürtiger Quakenbrücker, begann sogleich im Sinne Luthers zu predigen und erließ eine neue Kirchenordnung. Kurz darauf wurde in allen Pfarrkirchen Osnabrücks in deutscher Sprache gepredigt, das Abendmahl »in beiderlei Gestalt« gereicht - mit Ausnahme des Doms und St. Johannis, die katholisch blieben. Auch das Augustinenkloster bekannte sich zur Reformation. Im Auftrag des Bischofs führte Bonnus auch im Osnabrücker Land die Reformation ein. Münster und das Münsterland blieben nach der blutigen Niederschlagung der Täuferrepublik katholisch.

Osnabrück galt als protestantisch, doch das Domkapitel blieb beim alten Glauben und leistete Widerstand. Unter dem Druck des Papstes, des Kaisers und des Domkapitels entsagte Bischof Franz von Waldeck der Reformation. Als der Rat Osnabrücks und viele Prediger sich weigerten, ihm zu folgen, befahl Kaiser Karl V. **1553** die **Belagerung Osnabrücks**. Der nach Münster geflohene Bischof konnte sich mit 80.000 Talern freikaufen, Osnabrück bezahlte 23.000 Taler, um die Belagerung zu beenden. Das Heer zog ab, Osnabrück blieb protestantisch - und ließ seine Stadtmauern verstärken.

Die Erschütterungen der Reformation sollten noch viele Jahre die friedliche Entwicklung Osnabrücks behindern. Zu den zahllosen Überfällen und Raubzügen durch mächtige Familien im Osnabrücker Umland kam die allgemeine Unsicherheit auf den Straßen und Wegen durch den **spanisch-niederländischen Krieg (1568–1648)**. Auch die Stadt kam nicht zur Ruhe: Zahlreiche Frauen wurden nach **Hexenprozessen** ermordet.

Der Dreißigjährige Krieg (1618–48)

Für den Dreißigjährigen Krieg, der als europäischer Konflikt überwiegend auf deutschem Boden ausgetragen wurde, gab es politische und religiöse Gründe, die eng miteinander verbunden waren. Frankreich wollte sich von der Umklammerung der habsburgischen Länder (Spanien, Niederlande, Burgund) befreien. Die konfessionellen Gegensätze und Konflikte hatten sich immer mehr verhärtet, so daß sich die beiden Lager der **protestantischen Union** und der **katholi-**

Hexenverfolgung

Hexenprozesse waren im 16. und 17. Jh. weit verbreitet. Mal wurden die Verfahren von der Bevölkerung eingefordert, mal wurden sie systematisch von der Obrigkeit betrieben. Dabei sind starke regionale und zeitliche Unterschiede zu beobachten: Es gab ereignislose Zeiten, aber auch regelrechte Prozesswellen. Während das Hochstift Osnabrück eher zu den prozeßarmen Regionen zählt - im 16. und 17. Jh. wurden hier 49 Frauen und vier Männer hingerichtet, was als gering gelten muß -, so war die Lage in der Stadt Osnabrück anders. Hier wurden im 16. und 17. Jh. rund 250 Opfer gezählt, zum größten Teil Frauen.

Zwischen den Prozessen im Hochstift und denen in der Stadt Osnabrück gibt es bemerkenswerte Unterschiede. Im Hochstift wurden meist Prozesse gegen einzelne Personen geführt, die des Schadenzaubers zum Nachteil Dritter verdächtigt wurden, seien es Todesfälle, Krankheiten oder Mißternten. Die Verfahren wurden meist ohne peinliche Befragung wie gewöhnliche Kriminalprozesse geführt. In Osnabrück

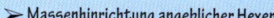

➢ Massenhinrichtung angeblicher Hexen

hingegen gingen die Richter oft nach der Hexenlehre vor, die vier Fälle unterschied: Teufelspakt, Teufelsbuhlschaft, Schadenzauber und Teufelstanz, den sogenannten Hexensabbat. Da letzterer nur in einer Gruppe möglich war, endete eine derartige Anklage oft als Sammelprozeß gegen mehrere Frauen, deren Namen erfoltert worden waren.

Warum aber wurden meist Frauen verfolgt? Die Frage kann nur mit dem krassen Ungleichgewicht in der Stellung der Frau erklärt werden, mit der Verteufelung von Sexualität, mit religiösem Fanatismus und einem Hang zur Niedertracht – und wird doch zu einem Teil immer rätselhaft bleiben.

➢ »Der behexte Stallknecht«, Zeichnung von Baldung Grien (1544). Die vermeintliche Hexe hat das Pferd scheu gemacht, so daß es ausschlug und den Stallknecht zu Boden streckte

Oft holte die Obrigkeit Rechtsgutachten von Gelehrten ein, die streng und gnadenlos nach den alten Gesetzen vorgingen. Obwohl bei den Prozessen die Schuldigen oft schon vorher feststanden, sollten die Beurteilungen durch Gelehrte den Prozessen eine juristische Grundlage geben. In der Zwischenzeit lagen die Frauen im Bocksturm oder im Bürgergehorsam und mußten auf dem nackten Steinboden schlafen. Die Verwandten waren machtlos, was sie auch vorbrachten, es wurde gegen sie verwendet.

Die nächste Etappe war das »Hexenbad«, eine Art Gottesurteil. Dazu wurde die »Kriminalangeklagte« zum Kümpersturm an die Hase gebracht, der Henker band ihr Daumen und großen Zeh über Kreuz zusammen. Vor einer versammelten Menschenmenge warf er sie, die an einen Strick gebunden war, ins Wasser. Schwamm sie oben, war sie laut göttlichem Urteil schuldig, also eine Hexe.

Dann kam die »peinliche Befragung«, eine bis ins Detail ausgefeilte Folter. Vor den Herren des Rats wurden der »Kriminalangeklagten« im Bocksturm die Instrumente gezeigt. Weigerte sich die Frau zu reden, schritt der Henker zur »leichten Tortur«, der Geißelung. Man kann es den Frauen nicht vorwerfen, daß die meisten alles nur erdenkliche zugaben, um sich die Folter zu ersparen, und auch die perfideste aller Fragen beantworteten – die nach »mitschuldigen Hexen«. So riß eine Frau, war sie denn einmal in den Händen der Folterknechte, andere ins Verderben. Auf diese Weise stieg die Zahl der Opfer immer mehr an. Einige tapfere Frauen haben jedoch selbst den Daumenschrauben und Streckblöcken widerstanden. Das Gerichtsurteil lautete fast immer auf Tod durch öffentliches Verbrennen. Nur wenn die Angeklagte frühzeitig alles gestanden oder wenn die Familie einen größeren Geldbetrag gestiftet hatte, wurde die »private« (nichtöffentliche) Hinrichtung durch das Schwert gewährt. So bekamen manche der Unglücklichen einen schnellen Tod.

Die erste größere Hexenverfolgung ereignete sich im Jahre 1561. Die Opfer waren 16 Frauen, die den Tod auf dem Scheiterhaufen starben.

Über zwei Jahrzehnte später begannen Verfahren, die aufgrund ihres Ausmaßes und ihrer Heftigkeit nur als Prozesswellen bezeichnen kann. Eine der Ursachen war möglicherweise die Pest, die um das Jahr 1575/76 in Osnabrück 4000 Menschen dahingerafft hatte. 1580 kam es zu einer starken Teuerung des Getreides. In dieser sozialen Krisenlage suchten die Menschen nach Schuldigen für das Unheil, das sie sich nicht erklären konnten. Waren es früher die Juden, an denen man sich mit Pogromen gerächt hatte, traf es nun die »Hexen«. Anlaß der Prozesse war schließlich das Gerücht um eine Vergiftung.

Hinter dieser Prozesswelle im bereits protestantischen Osnabrück stand der hochangesehene Bürgermeister Rudolf Hammacher, ein unerbittlicher, als »streng« beschriebener Mann, der 1565 bis 1588 im Amt war. Allein im Jahre 1583 wurden binnen drei Monaten 121 Frauen als Hexen verbrannt. Ihre Zahl ist bemerkenswert: Auf einer Inschrift in der Marienkirche fand man nämlich Hinweise, daß bei der Pest wenige Jahre zuvor genau 121 Kinder im Mutterleib umgekommen sein sollen. Der Schluß liegt nahe, daß die 121 verurteilten Frauen für die Pest verantwortlich gemacht worden waren. Insgesamt starben in einem Jahrzehnt 163 Frauen auf dem Scheiterhaufen – vor dem Herrenteichstor, auf dem Fledder, auf der Netter Heide oder am Rupenbrock.

Ganz anders lagen die Gründe für die zweite Prozeßwelle in den Jahren 1636 bis 1639, also während des Dreißigjährigen Krieges. Diese Welle hatte ihren Ursprung in einem Machtkampf um das Amt des Bürgermeisters, nahm aber allmählich den Charakter eines Konfliktes zwischen der Stadt und dem Landesherrn an. Die Protagonisten waren Dr. Albert Modemann, Bürgermeister von Osnabrück, und der Jurist Dr. Wilhelm Peltzer, der Modemann 1636 aus dem Amt drängen konnte. Da die Gegner dem luthe-

ranischen Lager angehörten, spielten konfessionelle Gründe hier keine Rolle.
Der Konflikt zwischen den Gegnern verschärfte sich, als eine Magd aus dem Haushalt Peltzers aufgrund eines ungeklärten Todesfalles der Hexerei angeklagt wurde – mit Modemann als spiritus rector. Wenige Monate später drehte Peltzer den Spieß um, indem er Wittib Modemann, die betagte Mutter des früheren Bürgermeisters, unter Anklage stellen ließ. Sie starb am 8. Oktober 1636 im Hexenhemd auf dem Scheiterhaufen.
Modemann suchte nun Zuflucht beim Landesherrn, während Peltzer energisch die Rechte der Stadt vertrat. Fortan wurden meist Frauen aus dem gegnerischen Lager stellvertretend unter Anklage gestellt. Die Lage war so bedrohlich, daß einige Bürger ihre Frauen versteckten oder heimlich aus der Stadt brachten. Bis 1639, dem letzten Jahr der Hexenprozesse, wurden 50 Frauen und drei Männer verurteilt.
Obwohl Peltzer sich aus den späteren Prozessen heraushielt, dabei aber stets die Fäden im Hintergrund zog, hatte er sich mächtige Feinde geschaffen. Seine Wiederwahl zum Bürgermeister im Jahre 1640 verhinderte der Landesherr durch massive Drohungen. 1651 wurde Peltzer verhaftet und unter Anklage gestellt. Sein Prozess wurde verschleppt, bis er nach 18 Jahren in Haft starb.

Die Ansichten der Zeitgenossen zu den Hexenverfolgungen waren geteilt, und an entschiedenen Protesten hat es nicht gefehlt, zum Beispiel vonseiten der Kirchen. Eine Legende sagt, daß der stadtbekannte Müller Klövekorn um 1580 in seiner Mühle am Hasetor (heute Pernickelmühle) Frauen bei sich aufgenommen und so vor dem Scheiterhaufen gerettet haben soll. Der Mühlenhof unterstand der Gerichtsbarkeit des Bischofs, die Stadt war dort machtlos.
1639 war Schluß mit den Hexenprozessen in Osnabrück. In Deutschland ging es dagegen noch weiter: Die letzte Hexenverbrennung fand 1775 in Kempten statt.
Die Osnabrücker Hexenprozesse sind bis heute nicht vergessen. Der neue Bürgerbrunnen nahe dem Markt stellt Opfer eines der Prozesse dar – aus welchem Jahr, ist nicht bekannt.

Stadtrundgang »Hexenverfolgung in Osnabrück: Warum ausgerechnet Frauen?« Der Rundgang beschäftigt sich mit den Hexenverfolgungen in Osnabrück. Beweggründe, historische und soziale Hintergründe und die Orte dieses dunklen Kapitels der Stadtgeschichte werden auf dem Rundgang deutlich.

▸ **Information u. Buchung: Zeitseeing Osnabrück, Tel. 0541-3232152, www.osnabrueck-stadtfuehrungen.de**

➢ Landsknechte plündern und brandschatzen

schen Liga unversöhnlich gegenüberstanden.

Am **23. März 1618** stießen Vertreter der protestantischen Stände Böhmens zwei kaiserliche Räte und deren Sekretär aus dem Schloßsaal des Prager Schlosses in den Graben. Alle drei überlebten den »Prager Fenstersturz«, aber damit war der offene Konflikt ausgebrochen. Der Krieg - über dessen Verlauf hier nicht berichtet werden soll - erreichte bald deutschen Boden und zog, da die kaiserlichen Truppen unter Tilly und Wallenstein zunächst sehr erfolgreich waren, Dänemark und Schweden auf protestantischer Seite mit hinein.

Jeder Kriegsteilnehmer verfolgte seine eigenen, handfesten politischen und wirtschaftlichen Interessen. Das begriffen die Osnabrücker sehr schnell, als der dänische König Christian IV., von der protestantischen Union zum Oberbefehlshaber in Norddeutschland ernannt, seinen Sohn Friedrich zum Landesherrn des Hochstiftes Osnabrück machen wollte. Das Domkapitel weigerte sich und wählte **1625** allen Drohungen zum Trotz **Franz Wilhelm von Wartenberg** zum neuen Fürstbischof. Kaiserliche Truppen wurden in die Stadt verlegt, womit Osnabrück in die Wirren des großen, europäischen Krieges hineingeraten war.

Die dänischen Truppen verwüsteten die nördlichen Gebiete des Hochstiftes und belagerten Osnabrück. Nach einem Jahr einigten sich beide Seiten: Dänemark erhielt die Festung Fürstenau und 36.000 Taler Lösegeld, Christians Sohn Friedrich wurde zum Koadjutor des Fürstbischofs ernannt.

Nachdem die Dänen von Tilly bei Barenberg geschlagen wor-

➢ Der schwedische Gesandte Johan Oxenstierna

den war, sah Fürstbischof Franz Wilhelm von Wartenberg, der in Münster residierte, die Gelegenheit gekommen, endlich in Osnabrück Einzug zu halten. Sofort wurden die kaiserlichen Truppen auf 1600 Mann verstärkt, was die Stadt jährlich 50.000 Taler kostete. Danach schritt der neue Landesherr offen zur **Gegenreformation**. St. Marien und St. Katharinen wurden wieder katholisch, ließ er 1629 eine Universität gründen - eine Jesuitenuniversität, an der zwar nicht Medizin studiert werden konnte, wohl aber Kirchenrecht. Unter dem Eindruck der Steuerlast und der Bürde der Einquartierungen, die vor allem die Protestanten tragen mußten, flohen viele Bürger nach Lübeck oder Hamburg.

Osnabrück war eine katholische Stadt geworden, was angesichts des schwedischen Kriegseintritts nichts Gutes verhieß. Daher wurden die Befestigungsanlagen in aller Eile verstärkt, allerdings nicht an der am meisten gefährdeten Stelle am Gertudenberg. Zum Unmut der Bürger ließ sich der Landesherr im Südosten der Stadt die **Petersburg** errichten, die ihrem Charakter nach eine reine Zwingburg war. Von dort konnte man in die Stadt hineinschießen.

Im **August 1633** standen die Schweden vor der Stadt, die der Landesherr bereits verlassen hatte. Sie schlugen ihr Lager jenseits des Gertrudenbergs auf - der Ort wird heute noch »Schwedenschanze« genannt - und schossen über die Anhöhe in die Stadt hinein. Auch vom Westerberg aus nahmen schwedische Kanonen Osnabrück unter Feuer. Durch Laufgräben geschützt, arbeiteten sich die Belagerer bis dicht an die westlichen Befestigungsanlagen und an die Vitischanze im Norden heran. Nach schwierigen Verhandlungen zogen am 12. September 1633 die kaiserlichen Truppen unbehelligt nach Münster ab, gefolgt von den Soldaten der Petersburg. Die Zeit der **schwedischen Besatzung** begann.

Die verarmte Stadt zahlte die nun fälligen Kontributionen mit sakralen Kunstgegenständen. Kommandant der Stadt war **Gustav Gustavson**, ein unehelicher Sohn König Gustav Adolfs. Obwohl dem Kommandanten das Schicksal der Stadt recht gleichgültig war, hätte es die Osnabrücker schlimmer treffen können. Aus den **Hexenprozessen**, die der Bürgermeister Pelzer **1636-39** anstrengte, hielt sich Gustavson heraus, die Universität ließ er schließen, die Katholiken wurden aus den Ämtern gedrängt. Daraufhin ging die Zahl der Haushalte fast bis auf die Hälfte zurück. Ringsumher war die Lage unübersichtlich: Die Stadt war schwedisch, doch fast das gesamte Hochstift war von kaiserlichen Truppen besetzt. **1636** belagerten sie sogar Osnabrück.

Da traf im **Januar 1642** eine unglaubliche Nachricht in Osnabrück ein: die Stadt sollte gemeinsam mit Münster Verhandlungsort zwischen Protestanten und Katholiken werden.

Osnabrück und Münster wurden gleichberechtigte Tagungsorte für die Verhandlungen. Während in Osnabrück Vertreter Schwedens und der protestantischen Reichsstände residierten, versammelten sich die Gesandten Frankreichs, Spaniens, der Niederlande, der Schweiz und der katholischen Reichsstände in Münster. In beiden Städten waren kaiserliche Gesandte zugegen, wie auch die Mächte in der jeweils anderen Stadt Unterhändler hatten. Zwischen Osnabrück und Münster wurde eine ständige Postverbindung eingerichtet.

Im **Juni 1643** sollten die Verhandlungen beginnen. Doch die Ankunft der Gesandten war Teil der Politik und zog sich über Monate hin. Der kaiserliche **Reichshofrat Crane** entband die Stadt vom Eid auf den Kaiser und den Landesherrn, so daß Osnabrück - wie auch Münster - den **Status der Exterritorialität** erhielt. Nach und nach trafen die Vertreter der politischen Mächte ein: der kaiserliche Gesandte **Graf Auersperg**, der französische Gesandte **Baron von Rorte**, **Reichsrat und Freiherr Dr. Salvius**, Unterhändler der schwedischen Seite. Schließlich machte sich auch **Johan Oxenstierna**, Sohn des schwedischen Reichskanzlers Axel Oxenstierna, von Minden aus auf den Weg. An der Landwehr standen etwa 60 Abgeordnete der Osnabrücker Ritterschaft zur ersten Begrüßung bereit, die Gesandten, Bürgermei-

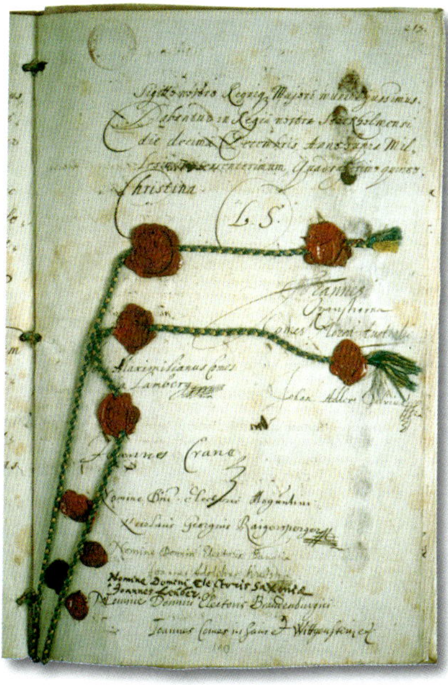

➢ Das Friedensdokument von 1648

ster und Ratsherren empfingen ihn am Herrenteichstor. Feierlich geleitete man den schwedischen Hauptgesandten in sein Domizil in der Großen Domsfreiheit.

So zogen sich die Friedensverhandlungen über die Jahre hin. Im **Herbst 1647** verlagerte sich der Schwerpunkt der Verhandlungen nach Osnabrück. Am **6. August 1648** war es soweit. Der Schwede Isaac Volmar verlas in Oxenstiernas Residenz in Osnabrück den Vertragstext vor allen wichtigen Gesandten. Daraufhin reichten sich alle zur Anerkennung die Hand, was nach altem Brauch einem Eid gleichkam.

Doch dann weigerten sich der kaiserliche und der schwedische Gesandte, den Vertrag zu unterschreiben. Nachdem am **5. und 6. September 1648** der Entwurf im Friedenssaal noch einmal verlesen worden war, konnten die Vertragstexte des **»Friedensinstruments«** ratifiziert werden. Der Kaiser gab am 27. September seine Zustimmung – machte aber zur Bedingung, daß beide Verträge in Münster unterschrieben werden sollten, was am 24. Oktober 1648 geschah. Aufgrund der Verstimmung darüber verzichtete man auf eine gemeinsame Friedensfeier. Der Friede war vollbracht, aber keiner der Verhandlungspartner war zufrieden.

Am frühen Morgen des **25. Oktober 1648**, einem Sonntag, erreichte die Nachricht Osnabrück. Stadtsyndikus Dr. Böger verkündete von der Rathaustreppe den Bürgern, die gerade aus dem Gottesdienst in der Marienkirche gekommen waren, den Friedensschluß. Die Menschen fielen sich um den Hals und stimmten in den Choral ein »Nun lob, mein Seel, den Herren«. Die Freude war umso größer, als die Osnabrücker bereits zuvor die Gunst der Stunde genutzt hatten und und unter Billigung der Schweden »mit dem größten Eifer« (Ludwig Hoffmeyer) die **Petersburg** des Fürstbischofs zerstörten hatten. Über 1500 Bauern aus dem Umland sollen den Bürgern dabei geholfen haben.

Das wichtigste Ergebnis des Westfälischen Friedens war die Gleichheit der Konfessionen. Ein Landesherr hatte in Zukunft, mit wenigen territorialen Ausnahmen, einen Bekenntniswechsel seiner Untertanen zu dulden. Stichjahr für alle territorialen Fragen war das Jahr 1624. Für Osnabrück wurde die **»alternative Sukzession«** eingeführt: Im Hochstift sollten katholische und evangelische Fürstbischöfe (letztere aus dem Hause Braunschweig-Lüneburg) einander abwechseln. Regierte ein katholischer Fürstbischof, so regelte in dieser Zeit ein **evangelisches Konsistorium** die kirchlichen und schulischen Belange der Protestanten. Im umgekehrten Fall war ein **Vikar des Erzbischofs von Köln** für die Interessen der Katholiken zuständig. Diese kuriose und komplizierte, in 58 Paragraphen zusammengefaßte Regelung hatte bis zur Auflösung des Hochstifts im Jahre **1803** Bestand.

Alltag zur Zeit des Westfälischen Friedens

»In Osnabrück und Münster sind der Gesandten so viele, daß du sie in sechs Stunden nicht zählen, auf hundert Wagen sie nicht fahren kannst, daß die Häuser – und nimmst du auch die Stallungen hinzu – für sie nicht genügen. Märkte und Straßen sind von ihnen angefüllt; und steckst du den Kopf nur zur Tür hinaus, gleich mußt du zehn Gesandte grüßen.« So schrieb der Gesandte Mantuas, und seine Darstellung ist keineswegs übertrieben. Herrschaften, die gewohnt waren, auf Schlössern zu leben, kamen nach 1643 zu Dutzenden in eine Stadt, deren Kassen leer waren und deren Bewohner lieber heute als morgen der Not entflohen wären.

Als sich die Kunde von dem geplanten Friedenskongreß verbreitet hatte, unterschätzte der Rat ganz erheblich die Zahl der Personen, die nach Osnabrück kommen würden, und die Erlesenheit des Geschmacks der Herrschaften, die beständig über die Umstände klagten, krittelten und jammerten.

Anfänglich dachte man sich Geschenke für die Herrschaften aus: Für einen ersten Gesandten sollte es ein Ohm Wein zur Begrüßung geben – und ein Fuder Hafer, das wohl für dessen Pferde gedacht war. Die ersten Schweden, die eintrafen, bekamen zusätzlich ein paar Fische auf die Hand. Wollte sich der Rat die Gunst eines Gesandten erkaufen, so gab man einen schweren silbernen Becher und 100 Taler. Man kann das ohne weiteres den Versuch einer Bestechung nennen.

Leerstehende Häuser gab es in Osnabrück wegen der Kriegswirren genügend, doch sie waren in schlechtem Zustand, die Wohnungen außerdem klein und eng. Selbst nachdem der Rat viele von ihnen hatte instandsetzen lassen, genügten sie den Ansprüchen der Herrschaften in keiner Weise. Johan Oxenstierna, der schwedische Hauptgesandte, logierte in einem Hof an der Großen Domsfreiheit, Graf Trauttmannsdorff, der kaiserliche Hauptgesandte, zog in Schraders Hof an der Hakenstraße ein (heute steht dort die Möser-Mittelschule), die Dänen,

➢ »Die Beschwörung des Spanisch-Niederländischen Teilfriedens«, Gemälde im Stadtmuseum Münster (Foto: Stadtmuseum Münster)

die nur kurze Zeit in Osnabrück weilten, logierten in Hermelings Hof am Neuen Graben, Graf Wittgenstein aus Brandenburg wählte sich Ledeburs Hof, ebenfalls am Neuen Graben neben dem Alten Tor, heute Johannisstraße 64.

Die meisten Verhandlungen fanden nicht im Friedenssaal des Rathauses statt, sondern zwischen einzelnen Gesandten in deren Höfen, Wohnungen und Quartieren. Dabei wurde immer Wert auf Speis und Trank gelegt, man wollte sich ja von der besten Seite zeigen. So ganz unrecht hatten die Zeitgenossen also nicht, die damals spotteten: »Alle Schweinekoben Westfalens, die nicht gebraucht werden, liegen voller Gesandten.« Oder voller Bediensteten, denn die Herren ließen sich natürlich bekochen und ankleiden, beraten und dolmetschen. Es gab Kutscher und Hausknechte, Schuhmacher und Stallknechte, Köche, Diener, Schneider und Sekretäre. Und nicht zu vergessen die Gemahlinnen, Mätressen, Kinder und Spione. Je höher der Rang, desto größer das Gefolge. Die hohen Damen hatten ebenfalls ihre Zofen und Bediensteten dabei, so daß auf einen Gesandten nicht selten ein paar Dutzend Leute im Gefolge kamen. Da zeitweise 148 Gesandte in Osnabrück und Münster waren, lebten wohl an die 2000 Menschen zusätzlich in der Stadt – und das bei etwa 4000 Einwohnern im Jahre 1643.

Hauptverhandlungspartner waren die Schweden Oxenstierna und Salvius. Sie mußten gemeinsam die Interessen Schwedens vertreten und konnten einander nicht riechen. Unübertroffen war Oxenstiernas Hofstaat: 121 Gefolgsleute hatte der Hauptgesandte Schwedens um sich, darunter seine Gemahlin. Oxenstierna wurde am aufwendigsten begrüßt, am teuersten beschenkt und am luxuriösesten untergebracht. Damit er sich ausreichend beachtet fühlte, sollen Trompeten geblasen worden sein, wenn er aufstand, speiste und sich zur Ruhe legte. Der Legende nach fuhr er stets in der goldenen Kutsche seiner Königin, auch wenn er nur wenige Meter unterwegs war: Vorneweg und hinter der Kutsche ging eine große Anzahl Edelleute, zu beiden Seiten marschierten je sechs Hellebardiere.

Der Adel und die Geistlichkeit verdienten gut an den Mieten, und selbst die kleinen Leute hatten etwas von den Gästen. Zwar hatten die Herrschaften genügend Personal bei sich, doch vor Ort waren sie es, die sich auskannten. Da man über die »schwarzen Steine« klagte, wie die Gesandten den Pumpernickel nannten, ließ man sich Delikatessen wie Hummer, Austern, Kaviar und Zitrusfrüchte herbeischaffen. Der Wein mußte per Kutsche angeliefert werden, und wenn von zehn Kisten eine heil ankam, so nahm man das gelassen: Es waren nun einmal schwierige Zeiten, noch herrschte Krieg im Lande. Selbst die Möbel ließ man sich nachschicken.

Die Verhandlungen selbst gestalteten sich recht kompliziert. Man hat lange daran gearbeitet, eine verbindliche Sitzordnung aufstellen zu können, und wer vor wem den Vortritt hatte, war eine heikle Frage. Die Preise gingen rasch in die Höhe: Kostete eine Tonne Hering in Bremen sechs Taler, mußte man in Osnabrück zeitweise vierzehn dafür bezahlen. Die Gesandten beschwerten sich, daraufhin setzte der Rat die Preise fest.

Weder die Gesandten noch deren Diener unterstanden der städtischen Gerichtsbarkeit: Sie konnten tun und lassen, was sie wollten. Toll trieben es der Schneider und der Sekretär von Dr. Crane, dem kaiserlichen Gesandten: Sie belästigten den Pastor Heinrich von Essen in dessen Wohnung, dem Pastor von Gülich schlugen sie die Scheiben ein.

Ein besonderes Ärgernis für die hohen Gäste war der Unrat auf den Straßen. Osnabrück war eine Ackerbürgerstadt, die Bewohner lebten von eigener Landwirtschaft vor den Toren der Stadt. Zweimal am Tag wurden Kühe durch die engen Straßen getrieben, Schweine liefen frei herum. In einigen Fällen ordnete der Rat an, »unflätige Oerter« bei Strafe zu entfernen und bestellte einen »Dreckführer«, der sonnabends den Unrat wegkarrte.

In den Jahren 1644–46 arbeitete der Apothekergehilfe Etschenreuther aus Colmar in der Raths-Apotheke am Markt, gegenüber der Marienkirche. Ihm verdanken wir einen tiefen Einblick in die Gemüts- und Geisteslage der Gesandtschaften aus ganz Europa. Denn Etschenreuther verstand es, einen ausgezeichneten Anis-Schnaps zu brennen, womit er sich die Gunst der Gesandten auf Dauer verdiente, die oft bei ihm einkehrten. Er legte ein Buch an, worin sich

➢ Noch heute wird alljährlich am 25. Oktober mit einem großen Fest in der Osnabrücker Altstadt des Friedensschlusses gedacht

die hohen Herrschaften sinnreich und wohl auch leicht angetrunken verewigten. »Contra vim Mortis non est Medicamen in hortis« (Gegen den Tod ist kein Kraut gewachsen), schrieb Johan Oxenstierna 1646, ein Jahr vor dem Tod seiner Gemahlin, die in Osnabrück verstarb. Etwas unpassend wirkt der Spruch von Johann VIII. Graf zu Sain und Wittgenstein, dem kurbrandenburgischen Gesandten: »Niente senza labore« (Ohne Fleiß kein Preis) – die Gespräche dauerten immerhin über fünf Jahre. Allerdings lag der Mann in zähen Verhandlungen mit Schweden über Pommern und mußte sich Mut machen. »Suspecta pacem utique bellum« (Mißtraue dem Frieden ebenso wie dem Krieg), schrieb am 17. April 1646, nach 28 Jahren Krieg, Adolf Wilhelm von Krosieg, Gesandter des Landgrafen Wilhelm IV. von Hessen-Kassel. »Nulla salus bello pacem te poscimus omnes« (Es ist kein Segen im Kriege, dich, Frieden, wollen wir alle), schrieb Nikolaus Christoph Muldner, einer der drei Gesandten aus Hessen-Kassel.

Die sinnestäuschenden Wirkungen des Anis-Schnapses bezeugt der etwas rätselhafte Eintrag Johann Georg von Merckelbachs, des Abgesandten von Friedrich V., Markgraf von Baden: »Es ist schon etwas, von einer Tür gehalten zu werden und den Frieden zu genießen«.

Barockes Osnabrück

Franz Wilhelm von Wartenberg sorgte nach seiner Rückkehr für eine langsame Erholung der Stadt. Osnabrück war ohnehin fast verlassen, eine Unzahl von Häusern stand leer, viele Bauernhöfe im Osnabrücker Land lagen wüst. Der Fürstbischof senkte die Steuern und ließ das Evangelische Konsistorium ungehindert arbeiten.

Erster evangelischer Fürstbischof wurde **1661 Ernst August**, jüngster Sohn des Herzogs Georg von Braunschweig-Lüneburg. Mit ihm kam das absolutistische Zeitalter nach Osnabrück. Ernst August hatte 1658 **Sophie** geheiratet, Tochter Friedrichs V. von der Pfalz (»Winterkönig von Böhmen«) und Elisabeth Stuarts, die eine Tochter des englischen Königs Jakobs I. war. Der absolutistische Herrscher führte eine effektive, straff organisierte Verwaltung und hohe Steuerabgaben ein, schuf eine kostspielige und glänzende Hofhaltung und nahm an Feldzügen zur Vergrößerung des Herrschaftsgebietes und Mehrung des eigenen Ruhms teil.

Ernst August erließ eine Vielzahl neuer Steuern, die die Bürger, Handwerker und Bauern im Hochstift stark belasteten, und schritt zu seinem Großprojekt – einem **Barockschloß in Osnabrück**. Die Stadt und das Hochstift, die sich so kurz nach dem Krieg noch nicht erholt hatten, mußten ein repräsentatives Bauwerk finanzieren, das Jahr für Jahr Unsummen verschlang. **1673** wurde der Regierungssitz von Schloß Iburg nach Osnabrück verlegt. Viele Details der gesamten Anlage, vor allem der **Barockgarten**, gehen auf **Sophie** zurück, die kunstsinnige Gemahlin des Fürstbischofs. Rings um das Schloß und nahe der Katharinenkirche entstanden in den wenigen Jahren, die Ernst August und Sophie in Osnabrück residierten, viele Adelssitze. Sie wurden fast ohne Ausnahme im Zweiten Weltkrieg zerstört.

➢ Ernst August I.
Erster evangelischer Fürstbischof Osnabrücks

Schon **1679** war es mit der prachtvollen Hofhaltung vorbei: Ernst August trat nach dem überraschenden Tod seines Bruders die Herrschaft im Herzogtum Hannover an. Der Hof verließ Osnabrück und richtete sich mehr schlecht als recht im kalten Leineschloß in Hannover ein, das wohl für Verwaltungszwecke, nicht aber für prachtvolle Feste geschaffen schien.

Salz und Kohle

Nach dem Tode Ernst Augusts **1698** übernahm **Karl von Lothringen** die Landesherrschaft als katholischer Fürstbischof. Er förderte die Wirtschaft, ließ Straßen anlegen und ersetzte die Bastion der zerstörten Petersburg durch einen Garten. Doch war der Herrscher in Osnabrück vor allem wegen der rücksichtslosen Einquartierung von Soldaten unbeliebt. Mit **Ernst August II.**, einem Bruder des englischen Königs Georg I., trat 1715 ein Landesherr an, der ungeteilt die wirtschaftlichen Interessen der Stadt und des Hochstiftes vertrat. Bescheiden in der Hofhaltung, förderte er seine Untertanen nach Kräften, die noch immer an den Folgen des Dreißigjährigen Krieges litten. Seine erfolgreichsten Projekte waren der **Kohleabbau** bei Borgloh, die **Erzgewinnung** am Hüggel und das Rothenfelder **Salzwerk**, mit dem das Hochstift von teuren Salzeinfuhren unabhängig wurde. **1728** starb der hochangesehene Landesherr. »Die reinste Frömmigkeit beseelte seine Handlungen«, schrieb Justus Möser nach dessen Tode.

Das Hochstift hat ehrgeizige und weit über seine Grenzen politisch wirkende Landesherren gesehen, aber keiner war so erfolgreich wie **Clemens August**, Herzog von Bayern. Im Alter von 19 Jahren war er schon Bischof von Paderborn und Münster. Wenige Jahre später wurde er zusätzlich Kurfürst und Erzbischof von Köln, dann Bischof von Hildesheim und **1728** Fürstbischof von Osnabrück. Der neue Landesherr hielt Hof in Bonn, während sein Vertreter, **Dompropst von Kerssenbrock (1676–1754)**, auf **Gut Eversburg** residierte, wo er einen recht aufwendigen Lebensstil pflegte.

➢ Osnabrück im 18. Jahrhundert

➢ Clemens August (1728–1704)
Katholischer Fürstbischof von Osnabrück und

➢ Justus Möser
Fürstbischöflicher Berater und Publizist

Da der Landesherr einen luxuriösen Lebensstil führte, begannen für Osnabrück schwierige Jahre. Besonders die Schlösser in Bonn, Münster und Clemenswerth verschlangen riesige Summen Steuergelder. An Osnabrück selbst zeigte der Landesherr kein Interesse. Als **1756** der **Siebenjährige Krieg** begann, bekam die Stadt die Folgen des europäischen Konfliktes sofort zu spüren, denn Clemens August, einer der mächtigsten Fürsten seiner Zeit, mischte in der europäischen Politik auf höchster Ebene mit. Osnabrück wurde mehrfach in raschem Wechsel von Franzosen, Engländern, Preußen und Hannoveranern besetzt. Wer auch immer kam, die Forderungen waren die gleichen: Einquartierung von Soldaten, Lebensmittel, Futter für die Pferde und Geld. Die Stadt, deren einst blühender Handel schon seit Generationen darniederlag, verarmte immer mehr, und wer konnte, der kehrte ihr den Rücken.

Nach dem Tod des Fürstbischofs Clemens August setzte Georg III., König von England und Oberhaupt des Welfenhauses, alles daran, daß sein zweiter Sohn Fürstbischof des Hochstifts Osnabrück wurde. Es schien niemanden zu stören, daß der Auserkorene noch gar nicht geboren war. Als der Krieg endlich vorbei war, wählte das Domkapitel **1764** den inzwischen geborenen und gerade sechs Monate alten Knaben **Friedrich von York** zum neuen Fürstbischof. Zwei namhafte Adlige sollten ihn vertreten. Zu ihrem Ratgeber wurde **Justus Möser** bestimmt, der aufgrund seiner Fähigkeiten und Kenntnisse und nicht zuletzt durch das besondere Wohlwollen Georgs III. zum eigentlichen Lenker des Hochstifts wurde. Nachdem der Fürstbischof **1783** selbst die Regierung angetre-

ten hatte, wirkte Möser maßgeblich im Geheimen Rat des Hochstifts mit.
Justus Möser gelang es, den seit Jahrzehnten darniederliegenden Leinenhandel wiederzubeleben. Überall im Lande wurden **Leggen** gegründet, wo die Bauern Leinen begutachten und klassifizieren lassen konnten. Auch der Ankauf und der Export des Leinens wurde von den Leggen organisiert. Die begehrte Ware, die Osnabrück einst den Wohlstand gebracht hatte, ging nach Spanien, Italien, Rußland und nach Nordamerika. Eine Folge des wirtschaftlichen Aufschwungs war eine rege Bautätigkeit: Es entstanden zahlreiche ansehnliche Bürgerhäuser aus Stein, erbaut im Stil des Klassizismus. Die bedeutendsten Beispiele, die den Zweiten Weltkrieg und die Nachkriegszeit überstanden haben, sind die **Bischöfliche Kanzlei**, das **Haus Schwartze** und die **Hirschapotheke**. Justus Möser starb 1794.

Liberté, Egalité?

Aus Frankreich trafen alarmierende Nachrichten ein: Eine Revolution hatte den König gestürzt und die Aristokratie hinweggefegt, der Adel war auf der Flucht. Unter dem Eindruck der Ereignisse in Paris und der Forderung nach »Freiheit, Gleichheit, Brüderlichkeit« schritten **1801** die Handwerksgesellen in Osnabrück zu einem **Aufstand**, der nach mehreren Tagen von hannoverschen Truppen niedergeschlagen wurde. Zwanzig Tote waren zu beklagen.

Der **Frieden von Lunéville 1801** schuf eine grundlegende Neuordnung der deutschen Staaten. Das Fürstbistum Osnabrück wurde dem Kurhause Hannover zugeschlagen. Friedrich von York - der letzte Fürstbischof von Osnabrück - trat im Oktober 1802 zugunsten seines Vaters zurück, am **8. November 1802** traf hannoversches Militär ein. Die Übergabe ging ruhig vonstatten, nur die **Aufhebung der Klöster und Stifte** samt Beschlagnahmung des Vermögens erregte die Gemüter.
Bereits 1802 war erkennbar, daß es zwischen Frankreich und England bald zum Krieg kommen würde. Da die Insel für Napoleon unerreichbar war, ließ er Hannover besetzen, das mit England durch Personalunion verbunden war. Als im Juni 1803 französische Truppen in Osnabrück einrückten, erhoffte sich die Stadt, mit Hilfe der Franzosen den alten Status wiederherstellen zu können. Man fühlte sich ohnehin eher Westfalen zugehörig als den Welfen im fernen Hannover.
Die Rechnung ging nicht auf. In den folgenden Jahren hatte Osnabrück zunehmend unter Einquartierungen, Steuern und Sonderabgaben zu leiden, die vor allem in der zweiten französischen Besatzungszeit - **1806** war Osnabrück kurze Zeit in der Hand Preußens und Hannovers - unnachgiebig vollstreckt wurden. Besonders verhaßt war, daß viele junge Männer zum französischen Militär eingezogen wurden. Nicht wenige entzogen sich dem durch Flucht nach

➢ Das Heger Tor, Ehrenmal für die Osnabrücker, die 1815 in der Schlacht bei Waterloo gekämpft haben

England, was für die Angehörigen stets harte Repressalien bedeutete. Im Zuge der Kontinentalsperre gegen England blühte in Emden und Leer das Schmuggelwesen mit Waren, die bei Nacht und Nebel über die Ems ins Land und weiter nach Osnabrück gelangten. Einige Kaufleute in der Stadt machten ein Vermögen mit dem Handel von Schmuggelwaren, nicht selten sogar mit Wissen der französischen Behörden.

Das Fürstentum Osnabrück wurde 1806 zunächst von einem französischen Generalgouverneur von Münster aus verwaltet. Ein Jahr darauf kam Osnabrück (mit Hannover) zum neugeschaffenen **Königreich Westfalen** unter Napoleons Bruder **Jérome**. Im **Februar 1811** wurde das Osnabrücker Land Teil des französischen Kaiserreichs, Osnabrück selbst wurde Hauptstadt des **Departements Oberems**.

Es gab aber auch positive Entwicklungen: Eine moderne Verwaltung wurde geschaffen, die gemäß dem **Code Napoléon** auf einheitlicher Rechtsprechung, Glaubensfreiheit, voller Anerkennung der Juden, der Aufhebung des Zunftzwangs sowie der Abschaffung der Standesvorrechte beruhte. Eine mit Pappeln gesäumte, befestigte Landstraße wurde von Wesel über Osnabrück nach Hamburg gebaut, Wochenmärkte und Straßenlaternen wurden eingeführt, Straßen gepflastert, Trottoirs angelegt, die Friedhöfe kamen vor die Stadtmauer.

Nach dem katastrophalen Rußlandfeldzug 1812 und der Völkerschlacht bei Leipzig im Oktober 1813 verließen die Franzosen am **3. November 1813** Osnabrück. Nach dem erneuten Aufmarsch napoleonischer Truppen kämpfte 1815 das Osnabrücker Landwehrbataillon unter dem Obersten Halkett in der Schlacht von Waterloo mit. Ihnen zu Ehren wurde das alte Heger Tor zum triumphbogenartigen, klassizistischen **Waterloo-Tor** umgebaut.

Im Königreich Hannover

Kaum hatten die Franzosen Osnabrück verlassen, schritt die Regierung des neugeschaffenen Königreichs Hannover zur Neuordnung ihrer Länder. Osnabrück wurde Hauptstadt des gleichnamigen **Landdrosteibezirks**, der außer dem Gebiet des ehemaligen Fürstbistums die Landesteile Lingen, Meppen und die Grafschaft Bentheim umfaßte. Der neue Verwaltungsbezirk, der sich bis zur holländischen Grenze erstreckte, hatte keine territoriale Verbindung mit dem Hauptgebiet des **Königreichs**. Da Osnabrück sich seit Jahrhunderten Westfalen zugehörig fühlte, war die Stimmung unter der Bevölkerung über die neuen Verhältnisse alles andere als erfreut, zumal Soldaten aus dem Osnabrücker Land unverzüglich zur hannöverschen Armee eingezogen wurden und die Regierung alles unternahm, die alten Verbindungen nach Westfalen zu kappen. Die Neuorganisation war im wesentlichen ein Werk des in Osnabrück geborenen, erzkonservativen **Ernst Friedrich Herbert Graf von Münster**, der in Hannover eine steile Karriere machte.

Zu Beginn des 19. Jh. zählte Osnabrück rund **16.000 Einwohner**, die gemäß der Tradition der Ackerbürgerstadt neben ihrem Handwerk oder Gewerbe auch Landwirtschaft betrieben. In den 30er Jahren kam es zu einem ersten, bescheidenen industriellen Aufschwung. In der Stadt gab es elf Brauereien, neun Schnapsbrennereien, 38 Tabak- und Zigarrenfabriken, eine Jutefabrik, zwei Papier- und vier Farbenfabriken, fünf Leinen- und Baumwollspinnereien. Gefördert von **Johann Carl Bertram Stüve**, ab **1830** Bürgermeister der Stadt, ging es mit der Wirtschaft bergauf. Kurz vor der Mitte des 19. Jh. war nicht mehr das Leinen der Motor der heimischen Wirtschaft, sondern **Steinkohle**, die am Piesberg abgebaut wurde und die Gründung zahlreicher **Maschinenfabriken** und **Schlossereien** begünstigte. In Osnabrück heizte man mit Kohle vom Piesberg, und auch das Eisen fand in fast allen Haushalten Verwendung in Form gußeiserner Kanonenöfen, genannt **»Piesberger«**. Der größte Impuls für den wirtschaftlichen Aufschwung aber war der Bau der Eisenbahn: **1855** konnte die **Westbahn von Hannover nach Osnabrück** eröffnet werden, 1856 fuhren Waren und Personen bis Emden, 1865 auch bis Arnheim in Holland.

Die Politik hinkte den neuen Möglichkeiten der Wirtschaft hinter-

➢ Marktplatz mit Stüve-Denkmal um 1900, links die Marienkirche

her. **1837** endete mit dem Tod Wilhelms IV. nach 123 Jahren die Personalunion mit England. **Ernst August** trat die Nachfolge in Hannover an, ein erzkonservativer und kompromißloser Mann, der allen Neuerungen ablehnend gegenüberstand. Schon am 1. November 1837 setzte er das Staatsgrundgesetz außer Kraft, da er darin die Rechte der Krone über Gebühr eingeschränkt sah. Der Staatsstreich rief Protest im ganzen Lande hervor, nicht nur der »Göttinger Sieben«, sondern auch in Osnabrück und dort vor allem von **Johann Carl Bertram Stüve**, der dem König seine Ansicht im Verfassungskonflikt auch persönlich vortrug. Stüve, der 1848 für kurze Zeit Innenminister in Hannover wurde, betrieb intensive historische Forschungen, schrieb eine Geschichte seiner Heimatstadt und tat sich als Kunstsammler hervor.

Die Preußen kommen

Im Konflikt zwischen Preußen und Österreich um die Vorherrschaft in Deutschland lehnte Hannover **1866** ein Bündnisangebot Preußens ab und stimmte im Frankfurter Bundestag für Habsburg, woraufhin Bismarck seine Truppen einmarschieren ließ. Hannover unterlag in der Schlacht bei Langensalza. Das Königreich Hannover wurde im Handstreich annektiert, so daß auch Osnabrück zu Preußen kam. Obwohl man zu Anfang des Jahrhunderts sehr gegen Hannover eingestellt war, schlug die **Preußenfeindlichkeit** noch höhere Wellen. Allerdings hatte es schon vor 1866 auch eine preußenfreundliche Strömung in Osnabrück gegeben, die in der Wahl des nationalliberalen **Bürgermeisters Miquel** 1867 in den neuen Reichstag ihren Höhepunkt fand.

➢ »Centralbahnhof« um 1900

Was folgte, war die **Industrialisierung** der Stadt, die ähnlich verlief wie in Dutzenden anderer Provinzstädte Preußens. Das **Eisenbahnwesen** wurde energisch ausgebaut: 1872 befuhren Züge die Linie Hamburg-Bremen-Osnabrück-Köln, 1876 wurde die Strecke nach Oldenburg eröffnet, 1886 Osnabrück-Brackwede. Die Industrialisierung ging besonders nach der **Reichsgründung 1871** mit Riesenschritten voran. Größtes Unternehmen war das **Georgs-Marien-Hüttenwerk**, dessen Hauptverwaltung sich in Osnabrück befand. In diesem modernen Werk wurde weltweit zum ersten Mal das Bessemer Verfahren zur Gewinnung hochwertigen Stahls angewandt. In der Folge entstand das **Eisen-und Stahlwerk Osnabrück**, das hauptsächlich Erzeugnisse für die Eisenbahn herstellte. Beide Unternehmen schlossen sich 1885 zusammen, das neue Werk übernahm später die Steinkohleförderung am Piesberg. Die Gewinnung mußte **1898** nach Wassereinbrüchen, einem großen **Grubenunglück** mit neun Toten sowie nach zahlreichen Streiks eingestellt werden. Am selben Ort wurde daraufhin ein Steinbruch eröffnet - er besteht übrigens bis heute noch. Auch das Textilgewerbe kam in Osnabrück wieder auf die Beine. Bereits 1833 war die kleine Baumwollweberei von Christoph Hermann Hammersen gegründet worden, aus der im Laufe der Jahrzehnte eines der bedeutendsten Textilunternehmen in Deutschland wurde. Weitere bedeutende Werke waren die Celluloidfabrik A. Hagedorn, die Papierfabriken der Brüder Kämmerer und die Feinpapierfabrik Felix Schneller.

Osnabrück veränderte sich nach Gründung des Deutschen Reiches grundlegend. **1872–77** fielen die

➢ Damals, als noch die Straßenbahn fuhr: Große Straße vor 1914

Stadtmauern, man ließ nur wenige Reste und einige Türme stehen, darunter die Vitischanze mit dem Barenturm, den Bürgergehorsam und den Bocksturm. Die **Bevölkerungszahlen** gingen steil nach oben: 1866 hatte Osnabrück 19.000 Einwohner, 1871 bereits 23.000 und im Jahre 1902 rund 55.000 Einwohner.

Innerhalb einer Generation wurden die Eisenbahn ausgebaut, der Güterbahnhof angelegt, Kanalisation und Straßen gebaut, Wasser-, Gas- und Elektrizitätswerk errichtet, Parks angelegt, Hauptpost, Regierungsgebäude, Schlachthof, Museen, Banken und Krankenhäuser gebaut. Das Gesicht der Stadt änderte sich so schnell wie zu keiner Zeit davor. **1912** begann man mit dem Bau des **Stichkanals**, der die Stadt mit dem Weser-Ems-Kanal verband, dem heutigen **Mittellandkanal**.

Im »großen Krieg«

1914 zählte man in Osnabrück knapp **72.000 Einwohner**. Wie überall im Deutschen Reich brach bei Kriegsbeginn im August 1914 auch in Osnabrück Begeisterung aus, die Mobilmachung verlief enthusiastisch. Die ersten Rationierungen in der Versorgung 1915 wirkten dagegen ernüchternd, dann stellte sich Trauer ein über die Tausende, die auf den Schlachtfeldern blieben. Im November 1916 stürzte bei Hannover der Osnabrücker **Flugpionier Gustav Tweer** ab, der erste Kunstflieger Deutschlands. Besonders hart war die schwierige Versorgungslage im Winter 1917. Die Stadtverwaltung hatte 1916 in weiser Voraussicht 128 Kühe gekauft, so daß Kleinkinder mit Milch versorgt werden konnten. Die Not machte erfinderisch: Man ging in Papierschuhen mit Holzsohle und

trug Strümpfe aus Textilresten und Brennesseln.
Mit Ende des Ersten Weltkrieges kamen neue Probleme: Die Soldaten kehrten zurück, monatelang lagerten Regimenter in Schulen und anderen öffentlichen Gebäuden und warteten auf die Demobilisierung. Menschen aus den besetzten Gebieten bevölkerten die Straßen Osnabrücks. Zeitweise hielten sich bis zu 20.000 Menschen auf der Durchreise in der Stadt auf.
Die Zeit erforderte neue Ideen, auch und vor allem im Wohnungsbau. Schulen wurden zu Notquartieren umgebaut, man stellte Baracken auf, damit die entlassenen Soldaten untergebracht werden konnten. Beamte gründeten im Juli 1919 den **Heimstättenverein**, der bis heute existiert.
Es war nicht nur die Wohnungsnot, die den Menschen zu schaffen machte. Es fehlten Arbeitsplätze, die Straßen waren unsicher, das Geld wurde immer weniger wert. Man griff zur Selbsthilfe, indem man **Notgeld** druckte, auch in Osnabrück. So wurden im Juli 1921 Papiergeldscheine im Wert zwischen 5 Pfennigen und 5 Mark ausgegeben, die mit Motiven der Altstadt verziert waren. Sogar das »Hotel Germania« ließ eigene Notgeldscheine drucken. Die Scheine waren nur kurz im Umlauf, denn die Inflation galoppierte. Wer sein Gehalt bekam, gab es schnell für die wichtigsten Lebensmittel aus, denn am nächsten Tag konnte es nur noch die Hälfte wert sein. Die Preise für ein Brot, für einen Liter Milch stiegen in die Billionen. Am **15. November 1923** wurde die rasende Inflation durch die **Währungsreform** gestoppt: 1 Billion Papiermark wurden zu 1 Rentenmark.
Nach dem Ende der Inflation zeigte sich, daß die Vitalität ungebrochen war. Die Greuel des Krieges und die Jahre der Not waren zwar unvergessen, aber nun wollte man endlich leben. Architektur, Theater und Film, Literatur und bildende Kunst erlebten eine ungeahnte Aufbruchstimmung. **Otto Liebscher** und **Erich Papst** wirkten bahnbrechend am Städtischen Theater, das Musikleben fand in Musikdirektor **Otto Volkmann** einen begnadeten Koordinator, und Künstler wie **Friedrich Vordemberge** und **Wilhelm Renfordt** wirkten als Expressionisten und stießen damit nicht nur auf Anerkennung. In Berlin machte der aus Osnabrück stammende Maler **Felix Nussbaum** Karriere. Der **Dürerbund** veranstaltete zahlreiche Ausstellungen moderner Kunst, und der Kunsthändler **Adolf Meyer** brachte die Werke von Künstlern wie Emil Nolde, Karl Schmidt-Rottluff, Max Pechstein und Lyonel Feininger für Ausstellungen in die Stadt. Der in Osnabrück gebürtige **Erich Maria Remarque** publizierte 1929 mit seinem Anti-Kriegsroman »Im Westen nichts Neues« einen Weltbestseller. Die Wirtschaft erholte sich, und Osnabrück war auf dem Wege, Großstadt zu werden. Der Kurssturz an der New Yorker Börse am 24. Oktober 1929 setzte dem jedoch ein jähes Ende: Die Weltwirtschaftskrise begann, und die Not hatte nun wieder die Oberhand.

Ein Vorbote der »neuen Zeit« war der Heilpraktiker **Heinrich Schierbaum**, der in seinem Wochenblatt **»Stadtwächter«** offen antisemitische Ansichten vertrat und mit Klatsch und Tratsch über die liberalen und sozialdemokratischen Politiker herzog. Schließlich rief er die Stadtwächterpartei ins Leben, die zeitweise einen beachtlichen politischen Erfolg in Osnabrück hatte. Nach Prozessen wegen zahlloser Beleidigungen mußte das Blatt eingestellt, die Partei aufgelöst werden.

Trotz der wirtschaftlichen Misere entstanden die Siedlungsbauten am Sonnenhügel, das Finanzamt an der Süsterstraße und das Arbeitsamt in der alten Poststraße. Auch die Restaurierung des Schlosses schritt zügig voran.

Die Krise - auf ihrem Höhepunkt war ein Drittel der Erwerbsfähigen arbeitslos - verhalf den Nationalsozialisten (NSDAP) **1930** zum Durchbruch. Bei den Reichstagswahlen im Juli 1932 errang die NSDAP 40,2 Prozent der Stimmen (SPD 36,8 Prozent, KPD 9,4 Prozent), im November 1932 dagegen nur 34,9 Prozent (SPD 33,9 Prozent, KPD 12,9 Prozent). Reichspräsident von Hindenburg, im April 1932 im Amt bestätigt, ernannte am 30. Januar **1933** Hitler zum Reichskanzler.

Die Stadt im Nationalsozialismus

Hitler löste den Reichstag auf und setzte für den 5. März 1933 Neuwahlen an, denen in Osnabrück wie überall in Deutschland Wahlterror, Schießereien und Schlägereien vorangingen. Die Anhänger Hitlers fanden sich auch in Osnabrück zu einem Fackelzug zusammen, der durch die Innenstadt zum Ledenhof zog, wo der Sieg der NSDAP gefeiert wurde. Was nun folgte, war die Gleichschaltung des gesamten öffentlichen Lebens im Sinne der Nationalsozialisten. Alle Bereiche von Politik, Wirtschaft und Kultur wurden erfaßt. Nach dem **Reichstagsbrand** Ende Februar 1933 erließ Hitler Notverordnungen, woraufhin auch in Osnabrück die Verhaftungen begannen, zunächst in erster Linie von KPD-Funktionären. Nach den **Reichstagswahlen am 5. und 12. März 1933** - die NSDAP erhielt 42 Prozent der Stimmen, die SPD 31,6 Prozent, die KPD 9,3 Prozent - wurde am **24. März** ein **Ermächtigungsgesetz** erlassen, das die Gesetzgebung vom Reichstag auf die (national-

➢ Renaissance-Giebel in der Krahnstraße

sozialistische) Regierung übertrug. Die Exekutive hatte legislative Befugnis übernommen. Damit war die Diktatur etabliert.
Die Nationalsozialisten schufen innerhalb kurzer Zeit mit Hilfe von Arbeitsbeschaffungsmaßnahmen eine scheinbare Vollbeschäftigung. Dabei entstanden Siedlungsbauten, Straßen und öffentliche Anlagen, wie z.B. der **Heimattiergarten** am Schölerberg. Bei weitem nicht alle Bewohner ließen sich davon beeindrucken, sondern sahen hinter dem Bild vermeintlicher Besserung die **Boykottmaßnahmen** gegen jüdische Geschäfte, Ärzte und Anwälte, die **Verhaftungen** von Oppositionellen und die **Verbote** von Vereinen und Verbänden, die sich nicht gleichschalten ließen. Die **Ausschreitungen** gegen Juden nahmen im Laufe der Zeit immer mehr zu. In der Nacht zum **10. November 1938** organisierte die SS einen **Pogrom**, die sogenannte **Reichskristallnacht**, in der die Synagoge in Brand gesteckt wurde und zahlreiche Geschäfte und Wohnungen zerstört wurden, die Eigentum von Juden waren.
Am **1. September 1939** begann der **Zweite Weltkrieg** mit dem Überfall Deutschlands auf Polen. Abgesehen von Einberufungen und Lebensmittelzuteilungen bekam die Bevölkerung zunächst vom Krieg nicht viel mit. Die Stadt zählte damals **99.175 Einwohner** und überschritt am **1. April 1940** durch Eingemeindungen die Grenze von 100.000 Bewohnern, wurde also mitten im Krieg offiziell **Großstadt**. Die vermeintlich ruhige Lage änderte sich mit einem Schlag, als am **23. Juni 1940** die ersten Fliegerbomben fielen. Nach zahlreichen kleineren Angriffen flogen britische Piloten am **20. Juni 1942** den ersten flächendeckenden Luftangriff auf Osnabrück. Daraufhin wurden in großem Maßstab **Luftschutzbunker** gebaut und Stollen in den Westerberg, Gertrudenberg und Schinkelberg getrieben, in denen die Zivilbevölkerung Schutz finden sollte. Auch in die Gertrudenberger Höhlen flüchteten Bewohner bei Angriffen. Nach einer längeren Pause unternahmen die Alliierten am 22. Dezember 1943 einen ungewöhnlich heftigen Angriff, bei dem viele Bewohner ihre Wohnungen verloren. Obdachlose, Frauen und Kinder mußten ins Umland und nach Süddeutschland evakuiert werden. Am 7. Mai 1944 starben 125 Menschen, am 13. Mai 1944 238 Bewohner durch Fliegerbomben. Durch die exponierte Lage im Nordwesten Deutschlands kam die Stadt nicht zur Ruhe: Immer wieder überquerten große Bomberverbände auf ihrem Weg nach Süd- und Mitteldeutschland Osnabrück, wobei jedesmal Luftalarm gegeben wurde. Ein Trick der Alliierten bestand darin, Osnabrück zu überfliegen und jenseits der Stadt umzukehren, um den geplanten Luftangriff zu starten, wenn bereits Entwarnung gegeben worden war. Bei verheerenden Fliegerangriffen am **13. September** und **13. Oktober 1944** wurde fast die gesamte Altstadt zerstört. Allein 1944 hatte Osnabrück 36 schwere Luftangriffe zu überstehen.

➢ Blick auf das alte Osnabrück: Im Vordergrund die Katharinenkirche und die Hakenstraße, im Hintergrund der Dom und links das Langhaus der Marktkirche

In den ersten Monaten des Jahres 1945 gab es nahezu täglich Luftalarm in Osnabrück. Unvergessen blieb der schwerste aller Luftangriffe am Palmsonntag, dem 25. März: Weithin sichtbar stand der Turm der Katharinenkirche in Flammen, den Zeitzeugen ein unvergeßliches Bild. Der Zweite Weltkrieg endete für Osnabrück am **4. April 1945** mit dem **Einmarsch britischer Truppen**. Die ersten Tage und Wochen waren für die Bevölkerung schwer zu überstehen: Ehemalige Kriegsgefangene und Zwangsarbeiter zogen durch die Straßen, drangen in Lager, Keller und Wohnquartiere ein und nahmen sich, was sie wollten. Nach und nach zogen die Bewohner Bilanz. Bei **78 Luftangriffen** starben **985** Osnabrüker, nicht mitgerechnet viele Zwangsarbeiter und Kriegsgefangene, die in der Regel die Luftschutzbunker nicht aufsuchen durften. Osnabrück war zu 65 Prozent zerstört, die Innenstadt sogar zu 85 Prozent. 87.000 Menschen waren obdachlos geworden.

Geradezu niederschmetternd waren die **Schäden** an den alten **Kirchen**: Marienkirche, Katharinenkirche und Paulskapelle waren ausgebrannt, der Dachstuhl des Doms war abgebrannt, die Turmhelme zerstört, die Johanniskirche hatte ebenfalls den Dachstuhl verloren, die Klosterkirche am Gertrudenberg und die Dominikanerkirche waren stark beschädigt. Auch die **Profanbauten** zeigten schwerste Schäden: das Rathaus mit dem Friedenssaal war ausgebrannt, von der Alten Waage stand nur noch der Treppengiebel, von der Bischöflichen Kanzlei und dem Schloß waren lediglich die Außenmauern erhalten, das Neustädter Rathaus war ausgebrannt. Zahlreiche **Adels- und Bürgerhäuser** wurden zerstört: Hotel Dütting (die ehemalige Domherrenkurie) war total zerstört, Hirschapotheke, Finkenstädtisches Haus und Prenzlersches Haus waren ausgebrannt, das Möserhaus an der Marienkirche war zerstört, die Poggenburg an der Katharinenkirche war beschädigt, das Wiemannsche Haus in der Johannisstraße ausgebrannt. Ganze Straßenzüge lagen in Schutt und Asche, darunter die Giebelhäuser am Markt. Die Liste bedeutender Bauten, die zerstört wurden, ließe sich über Seiten fortsetzen.

Nachkriegszeit und Wiederaufbau

Lebten am 4. April 1945 (nach Schätzungen) ungefähr 40.000 Menschen in Osnabrück, waren es am 8. Mai, dem Tag der Kapitulation, bereits rund **61.000** Bewohner. Sie unterzubringen und zu versorgen, war für die nächsten Jahre das Hauptproblem. Wie überall in den deutschen Städten lag auch in Osnabrück die Produktion darnieder, es gab kaum unbeschädigte Häuser und Wohnungen. Zwar waren das **Osnabrücker Stahlwerk** und das **Kupfer- und Drahtwerk** nur geringfügig beschädigt, doch andere Firmen wie die **Karosseriewerke Wilhelm Karmann** waren vollkommen zerstört. Die britische Besatzungsmacht rief den ehemaligen zweiten **Bürgermeister Dr. Petermann** wieder ins Amt und gab ihm einen Bürgerausschuß von zehn Leuten an die Seite.

Lebensmittelkarten wurden ausgegeben, der Wohnraum wurde zwangsbewirtschaftet, die ersten Aufräumarbeiten begannen. Tausende Flüchtlinge aus dem Osten trafen ein. Wohnraum war äußerst knapp, man lebte in Kellern, Küchen, Lauben oder den »Nissenhütten« aus gewölbtem Wellblech. **Über eine Million Kubikmeter Trümmer** versperrten Straßen und Wege. Besonders verunsichernd wirkte die **Demontage von Industrieanlagen**, z.B. eines Teils des Osnabrücker Stahlwerks, was als Widerspruch zu den Anstrengungen der Briten empfunden wurde, der deutschen Wirtschaft wieder auf die Beine zu helfen. Die Bewohner fuhren aufs Land und besorgten sich Lebensmittel oder tauschten sie auf dem Augustenburger Platz, dem **Schwarzmarkt**. Die **Wohnungsnot** war auch 1948 noch äußerst groß, und der Gesundheitszustand der meisten Be-

➢ Das Schloss beherbergt heute die Verwaltung der Universität

wohner war dementsprechend schlecht.
Kurz nach Kriegsende zeigten sich erste Verbesserungen. Es dauerte nicht lange, da fuhr die erste Straßenbahn, die ersten Wohngebiete wurden an das Wasserrohrnetz angeschlossen, Strom- und Abwassernetz waren ebenfalls rasch wieder intakt. Bereits im Oktober 1945 arbeiteten drei Viertel aller Schulen wieder. Das Osnabrücker Kupfer- und Drahtwerk hatte im Mai 1945 mit einer bescheidenen Produktion begonnen, und schon im Dezember 1945 waren dort 900 Mitarbeiter beschäftigt. Das hatte niemand erwartet.
Mit der **Währungsreform** am **21. Juni 1948** begann das Wirtschaftsleben sich rege zu entfalten: Es tauchten über Nacht Waren in den Geschäften auf, die bisher nur auf dem Schwarzmarkt erhältlich gewesen waren. 1948 beging die Heger Laischaft zum ersten Mal seit Anfang des Krieges das **Schnatgangsfest**. Rechtzeitig zum **300. Jahrestag des Westfälischen Friedens** am **25. Oktober 1948** konnte das Rathaus wieder aufgebaut worden. **1949** zählte Osnabrück **über 100.000 Einwohner**, wie zuletzt im April 1940.
Es zeigte sich, daß die Kirchen Osnabrücks nicht gar so schwer beschädigt waren, wie man zunächst befürchtet hatte: Die Außenmauern der Marienkirche, des Doms, der Katharinen- und der Johanniskirche konnten zum Wiederaufbau verwendet werden. Die Zeile der Treppengiebelhäuser gegenüber der Marktkirche wurde ebenfalls wieder aufgebaut, der dreieckige Marktplatz blieb erhalten, so daß man heute noch jenes historische Stadtbild Osnabrücks vor Augen hat, das auch die Gesandten zur Zeit des Friedenskongresses 1648 sahen.
Das frühbarocke Schloß wurde wieder aufgebaut, und zwischen Markt und dem Heger Tor gelang es, ein großes Gebiet der **Altstadt** wieder aufzubauen. Dort findet

man einige der für Osnabrück so typischen Steinwerke mit ihren meterdicken Mauern, auch einige der schönen Fachwerkhäuser wie das Willmannhaus in der Krahnstraße und das Hotel Walhalla in der Bierstraße künden als die letzten Zeugen von einer Stadt, die einst fast ganz aus Fachwerk bestand. Die Bischöfliche Kanzlei, die Pauluskapelle, einige Geschäftshäuser aus der Zeit des Rokoko und des Klassizismus blieben stehen. Und nicht zu vergessen die Türme und Mauern der Stadtbefestigung: Bocksturm, Barenturm, Pernickelturm, Vitischanze, Bürgergehorsam, Heger Tor.

Osnabrück heute

Osnabrück ist die drittgrößte Stadt Niedersachsens. Besucher begeistern sich immer wieder über die ansprechende Mischung aus Alt und Neu in der Stadt. Die hervorragende Stadtsanierung wurde vielfach ausgezeichnet, z.B. 1978 im Wettbewerb »Stadtgestalt und Denkmalschutz im Städtebau«. Zwei Jahre darauf zeichnete »Europa Nostra«, eine bedeutende internationale Vereinigung für Denkmalschutz und Landschaftspflege, die Wiederherstellung des Ledenhofes aus. Und 1984 wurde Osnabrück Bundessieger im Wettbewerb »Neues Bauen in alter Umgebung«. Die Altstadt ist das große Plus Osnabrücks.

➢ Stammhaus Café Leysieffer in der Krahnstraße

Und es gibt weitere Pluspunkte. Osnabrück hat ein gutes Verhältnis zu Erich Maria Remarque gewonnen, dem großen Schriftsteller der Stadt. Die lähmenden Jahrzehnte nach der Zeit des Nationalsozialismus, als man nicht wußte, wie man mit Remarque ins reine kommen sollte, sind zwar nicht vergessen, aber aufgearbeitet. Und Felix Nussbaum, dem anderen großen Künstler der Stadt, wurde ein ganzes Museum gewidmet, das die Tragik seines Lebens zum Thema hat – in den Gemälden, der weltweit größten Nussbaum-Sammlung, aber auch in der Architektur.

1998 war für Osnabrück ein großes Jahr. Die im Bewußtsein der Deutschen so unbekannte Stadt beging mit ihrem alten Rivalen Münster den 350. Jahrestag des Westfälischen Friedens. Zum 25. Oktober, dem historischen Friedenstag in Osnabrück und Münster, kamen soviele gekrönte Häupter wie noch nie nach Deutschland. Zu ihnen gesellten sich die ungekrönten Staatsoberhäupter Europas, allen voran der amtierende Bundespräsident Roman Herzog.

Aus Anlaß der Feierlichkeiten wurde auch die 26. Europarats-Ausstellung »1648 – Krieg und Frieden in Europa« eröffnet. Die Mammutschau im Westfälischen Landesmuseum in Münster sowie in der Dominikanerkirche und im Kulturgeschichtlichen Museum in Osnabrück zeigte einmal mehr, daß der Dreißigjährige Krieg – die Kolonien eingerechnet – ein weltweiter Krieg gewesen war.

Kurze Chronik

4000–2000 v. Chr.	steinzeitliche Jäger durchstreifen das Osnabrücker Land
9 n. Chr.	Varusschlacht am Kalkrieser Berg
780	Karl der Große errichtet an einer Hase-Furt eine Missionskirche, Urzelle Osnabrücks
783	Schlacht an der Hase; danach Gründung des Bistums Osnabrück
9. Jh.	Beginn der mittelalterlichen Besiedlung
1171	Osnabrück erhält eigene Gerichtsbarkeit
1246	Ladberger Abkommen
1307	Vereinigung von Altstadt und Neustadt
1350	Pest in Deutschland; hohe Verluste in Osnabrück
1394	103 Frauen werden als Hexen verbrannt
1404	Legge als Börse für Leinen gegründet
1412–1669	Osnabrück ist Mitglied der Hanse
1487	Grundstein des Rathauses gelegt (1512 beendet)
1543	Hermann Bonnus führt die Reformation in Osnabrück durch
1583	121 Frauen in drei Monaten als Hexen verbrannt
1613	Stadtbrand in Osnabrück
1618–48	Dreißigjähriger Krieg
1633–43	Schwedische Besetzung Osnabrücks
1636–39	Bei Hexenprozessen werden 50 Frauen und drei Männer verurteilt
25. Okt. 1648	Verkündung des Westfälischen Friedens von der Rathaustreppe in Osnabrück

1649-1803	Hochstift Osnabrück wird abwechselnd von katholischen und evangelischen Fürstbischöfen regiert
Juni 1803	französische Truppen besetzen Osnabrück
Sept. 1807	Osnabrück wird Teil des Königreichs Westfalen
Beginn des 19. Jh.	Osnabrück hat rund 16 000 Einwohner
1830	Johann Carl Bertram Stüve wird Bürgermeister
1855	Eröffnung der Westbahn von Hannover nach Osnabrück
1866	Osnabrück kommt zu Preußen; 19.000 Einwohner
1871	in Osnabrück leben 23.000 Bewohner
1872-77	Stadtmauern werden niedergelegt
1898	Erich Maria Remarque in Osnabrück geboren
1902	rund 55.000 Menschen leben in Osnabrück
1904	Felix Nussbaum in Osnabrück geboren
1914	Osnabrück zählt knapp 72.000 Einwohner
Nov. 1916	Osnabrücker Flugpionier Gustav Tweer abgestürzt
9. Nov. 1938	»Reichskristallnacht« in Osnabrück
1. April 1940	Osnabrück zählt 100.000 Bewohner
Sept./ Okt. 1944	Altstadt zerstört
4. April 1945	Einmarsch britischer Truppen
25. Okt. 1948	300. Jahrestag des Westfälischen Friedens
1949	Osnabrück wieder Großstadt mit über 100.000 Einwohnern
1980	1200-Jahr-Feiern von Bistum und Stadt
1995	Teilung des größten deutschen Bistums
1998	350-Jahr-Feiern des Westfälischen Friedens
2003	Eine Umfrage ergibt: 87 Prozent der Osnabrücker meinen, daß es sich in ihrer Region gut leben läßt
2009	Kalkriese begeht den 2000. Jahrestag der »Varusschlacht«

Rundgänge

Rundgänge durch Osnabrück

Die Besichtigung der Altstadt und Neustadt ist in **drei Rundgänge** aufgeteilt. Die beiden ersten Routen führen durch die Altstadt und beinhalten auch den Besuch der wichtigsten Museen Osnabrücks: des Kulturgeschichtlichen Museums mit dem Felix-Nussbaum-Haus, des Diözesanmuseums und der Kunsthalle Dominikanerkirche. Die zweite Route, die am Dom beginnt, bietet sich besonders für Besucher an, die mit dem Bus anreisen (Busparkplätze). Der dritte Rundgang ist etwas für Besucher, die besonders am Schloß interessiert sind oder die die Altstadt bereits kennen.

In die Altstadt

Vom Rathaus zum Heger Tor und Felix-Nussbaum-Haus

Das Rathaus von Osnabrück ist so etwas wie das Gravitationszentrum der Stadt, was sich nicht allein aus dem Amt des Oberbürgermeisters ergibt, der hier residiert, sondern aus der Summe historischer Begebenheiten an diesem Ort. Im sogenannten Friedenssaal des Rathauses fanden wichtige, wenn auch nicht die meisten, Verhandlungen des »Friedenskongresses« statt, so mancher hohe Gast wurde im Rathaus empfangen, auch die Schatzkammer der Stadt ist dort zu finden. Und daß die notorischen Harttrinker der Stadt ihren

➢ Blick vom Marktplatz in die Krahnstraße

➢ Freitreppe zum historischen Rathaus, über dem Eingang eine Skulptur Karls des Großen

Rausch im Rathaus, unterste Etage, ausschlafen durften, ist ebenfalls erwiesen. Ob die Nähe zur städtischen Gewalt der Trunksucht Beine machte? Wohl kaum.

Ein Blick über den **Markt** lohnt sich. Linker Hand steht die alte Stadtwaage, deren Treppengiebel den Zweiten Weltkrieg fast heil überstanden hat. Die Marktkirche daneben war seit Anbeginn das Gotteshaus der Bürger, eine Art Gegengewicht zum bischöflichen Dom und daher seit der Reformation protestantisch. Das Langhaus bildet mit den Giebelhäusern gegenüber die seit frühester Zeit bekannte und oft beschriebene Dreiecksform, die sich aus dem Verlauf eines vom Westerberg kommenden Sporns und dem Zusammenlaufen einiger Fernhandelsstraßen ergab. Rechter Hand, jenseits des Durchgangs, stößt man auf den neuen Bürgerbrunnen, der die wichtigsten Ereignisse der Stadtgeschichte illustriert.

Übrigens lag der alte Bürgerbrunnen oder Marktbrunnen früher wenige Meter vor dem Rathaus, ein Messingring im Boden erinnert daran. Dort wurde auch hingerichtet, allerdings ein bis zwei Meter tiefer, denn im Laufe der Jahrhunderte blieb viel Abfall und Dreck einfach liegen, so daß der Markt immer mehr an Höhe gewann.

Das **Rathaus** ist vom Typ her ein westfälisches, im Unterschied etwa zu Lübeck und Lüneburg, und macht einen recht wehrhaften Eindruck. Abgesehen von den für Osnabrück so charakteristischen Steinwerken war es lange Zeit das

➢ Das Rathaus in einer historischen Aufnahme

einzige steinerne Haus der Stadt. Wer wichtige Urkunden und Dokumente zu verwahren hatte, ging aufs Rathaus und ließ sie in einem der Tresore verschließen. Dreißig Jahre hat die Stadt an diesem Haus gebaut, um einen Vorgängerbau zu ersetzen, von dem nichts blieb. 1512 war der Sandsteinbau mit dem spätgotischen Sockelgeschoß endlich fertig. Allerdings sah das Rathaus früher etwas anders aus: Die stolze Reihe der **Kaiserfiguren** an der Fassade wurde im späten 19. Jh. erneuert. Es sind (von links) Kaiser Sigismund, Friedrich II., Rudolf von Habsburg, Wilhelm I., Karl der Große (über dem Portal), Friedrich I. Barbarossa, Arnulf, Maximilian I. und Ludwig der Bayer. Auch die steinerne Freitreppe gab es im 16. Jh. nicht. Aus Sicherheitsgründen wurde damals nachts der noch hölzerne Aufgang entfernt. An diesem Ort wurde am 25. Oktober 1648 der Friede und damit das Ende des Dreißigjährigen Krieges verkündet. Am 13. September 1944 durch Fliegerbomben zerstört, konnte das Rathaus schon 1948 wiederaufgebaut werden, rechtzeitig zum 300. Jahrestag des Westfälischen Friedens. Das wertvolle Interieur, im Weltkrieg rechtzeitig ausgelagert, konnte wieder eingebaut werden.

Beim Eintritt in die Halle übersieht man leicht ein interessantes Detail: Die **gotische Tür** des Rathauses ist über 500 Jahre alt und versieht immer noch ihren Dienst. In der Eingangshalle tagte früher das Osnabrücker Burgericht. Rechter Hand liegt die Schatzkammer, auch eine **Rathaus-Information** ist im Foyer zu finden, die nicht nur zum Rathaus Auskunft gibt. Gleich links findet man den berühmten **»Friedenssaal«**, die ehemalige große Ratskammer. Dort haben - entgegen landläufiger Ansicht - die europäischen Gesandten nach 1643 eher selten verhandelt. Der Rat wußte dies zu verhindern, befürchtete er doch, die Kontrolle über die Stadt zu verlieren.

Das Gestühl der Gotik und Renaissance, die Tresore, der kostbare Kronleuchter und die Gemäldegalerie machen diesen Raum zur guten Stube Osnabrücks. Die **42 Porträts** stellen überwiegend Hoheiten und Herrschaften aus dem 17. Jh. dar, die am Dreißigjährigen Krieg oder dem Friedenskongreß beteiligt waren: An der Südseite, der Tür gegenüber, hängen die Bildnisse der schwedischen Königin Christina, die Osnabrück als eine der beiden Verhandlungsstädte durchsetzte, des französischen Königs Ludwig XIV., der 1648 noch ein Knabe war, aber als junger Mann gezeigt wird, und des deutschen Kaisers Ferdinand III. Die übrigen Gemälde zeigen die Gesandten aus fast allen Ländern Europas. An der rechten Wand blickt ernst Johan Oxenstierna, Schwedens Hauptgesandter, sein Landsmann Johan Salvius wirkt entrückt, abgeklärt gibt sich Maximilian Graf von Trauttmansdorff, der kaiserliche Hauptgesandte, etwas bedrückt wirkt Johann Crane, ebenfalls kaiserlicher Gesandter. An der linken Wand lächelt hintersinnig Fabio Chigi, der päpstliche Nuntius, Amalie Elisabeth, Landgräfin von Hessen-Kassel, die zweite Dame der Galerie, blickt gelassen, obwohl sie doch von allen geschnitten wurde. Sie ließen sich mit wallendem Haupthaar in stolzer Pose porträtieren und nahmen - eitel, wie sie waren - ihre Bilder mit. Was blieb der Stadt anderes übrig, als nachträglich Kopien in Auftrag zu geben, womit die Ähnlichkeit der Physiognomien hinreichend erklärt ist.

Unter den Gemälden sind einige hölzerne **Tresorschränke** in die Fensterwände eingelassen. Sie wurden um 1515 angefertigt. In den reich verzierten Archivnischen bewahrten die Stadthospitäler wichtige Urkunden auf, gern auch mal erlesene Medikamente wie pulverisierte Mumie und zerstampfte Hirnschale. Den Gilden waren die einfacheren Schränke vorbehalten.

Auch das **Gestühl** ist einen Blick wert: Das gotische ist recht einfach mit Flöten und Ähren gestaltet, das der Renaissance in der Fensterecke dagegen wesentlich reicher verziert. Siebzehn Jahre haben Handwerker daran gearbeitet.

Ein Kleinod ersten Ranges ist der **Kronleuchter**. Er sei »viel größer als der Leuchter im Friedenssaal von Münster«, hört man in der Stadt reden. Das Werk eines unbekannten Künstlers stellt die Welt aus mittelalterlicher und ratsherrlicher Sicht dar. Die Krone zeigt das Paradies, den Baum der Erkenntnis, Adam und Eva, die Schlange. Wo laut Bibel ein Apfel gereicht hat, sind hier deren drei im Spiel, worüber bis heute gerätselt wird. Ein Stockwerk tiefer das Firmament, darunter sieht man Maria mit dem Jesuskind sowie Figuren, die für die Weisheit, die Gilde und die Wehr stehen, die gemäß der Ratsverfassung aus dem 15. Jh. sinnbildlich die Stadt führen. Der unterste Ring stellt Jagdszenen dar und zeigt das Osnabrücker Wappen mit dem sechsspeichigen Rad. Auch einige Hausmarken, die bis 1803 üblich waren, sind zu sehen. Das Ren-Geweih eines Sechsunddreißigenders soll Schwedens Königin Christina gestiftet haben. Seit Mitte des 16. Jh. hängt der schmiedeeiserne, sechs Zentner schwere und mit Blattgold belegte Leuchter an Ort und Stelle.

Gegenüber dem Friedenssaal findet man hinter einer alten Tresortür die **Schatzkammer** mit dem Ratssilber. Glanzstück der Sammlung ist der **Kaiserpokal** aus vergoldetem Silber, eine französische

Folgende Doppelseite:
Der Friedenssaal des Rathauses mit Portraits der Gesandten und den Tresoren.

Arbeit vom Ende des 13. Jh. Die Schale mit der Figur Kaiser Karls des Großen läßt sich abnehmen, eine ganze Flasche Wein paßt hinein. Eine Kopie des Barbarossa-Privilegs von 1171 ist ausgestellt – selbst im Dreißigjährigen Krieg, als die Stadt neutral war, wurde keiner Macht das Original gezeigt. Auch eine Kopie des »Friedensinstruments« von 1648 ist zu sehen. Ein vergoldeter Römer, den ein Soldat nach dem Zweiten Weltkrieg mitgenommen hatte, kam 1972 aus den USA zurück. Prunkstück des Osnabrücker Bürgertums ist die Schützenkette von 1441 mit dem Papagei: »Wille geit vor Golt«.

Im Obergeschoß steht ein großes **Modell**, das die Stadt im Jahre 1633 zeigt, wohl kurz vor der Besetzung durch die Schweden. Die an Kirchen so reiche Altstadt ist gut zu erkennen, in der Neustadt, wo überwiegend arme Leute wohnten, ist St. Johann der einzige beherrschende Kirchenbau. Sieben Kilometer lang war die Stadtmauer mit ihren zahlreichen Türmen und Toren. Auch die Peterburg im Südosten der Altstadt ist zu sehen. 1648, der Westfälische Friede war noch keinen Monat alt, wurde die Feste des Bischofs dem Erdboden gleichgemacht.

Neben dem Rathaus erhebt sich die alte **Stadtwaage** mit dem schönsten Treppengiebel der Stadt. Der spätgotische Bau stammt von 1531, war also kurz nach dem Rathausbau vollendet. Das Wiegen war früher eine städtische Angelegenheit und wurde mit einer Steuer belegt.

Gleich daneben ragt die **Marktkirche St. Marien** empor, die Kirche der Bürger – im Unterschied zum Dom des Bischofs – und daher seit der Reformation protestantisch. Es wird nicht wenige Bürger mit Stolz erfüllt haben, daß der Turm der Marktkirche viel höher ist als die beiden des Doms. Insofern kann man das sonntägliche Angebot einer **Turmbesteigung** (11.30 bis 13 Uhr) schlecht ausschlagen: »Es sind 191 Stufen, mit dieser«, sagt die kundige Dame an der Tageskasse und deutet auf einen Absatz an der Tür.

Oben kann man sich einen guten Überblick verschaffen: Wie nah der Westerberg liegt, von dem die Schweden die Stadt beschossen haben, und auch über den Gertrudenberg sollen sie die Stadt bombardiert haben. Majestätisch steht der Dom mit seinen ungleichen Türmen, eine Welt für sich. Die Katharinenkirche im Süden der Altstadt und die Johanniskirche in der Neustadt machen neugierig. Und in der Ferne, im Süden, der Höhenzug des Teutoburger Walds, im Nordosten der des Wiehengebirges. Obwohl Osnabrück hügelreich ist, liegt die Stadt in einem Kessel. Tief unten der dreieckige Marktplatz mit den Giebelhäusern. In einem von ihnen hat Lichtenberg gelebt.

Die heutige **Marktkirche St. Marien** hat mehrere Vorgängerbauten, die ohne Ausnahme auf diesem vom Westerberg auslaufenden Sporn gebaut wurden. Es begann im 10. Jh. mit einer einschiffigen

➢ Die alte Waage, heute das Standesamt

Wehrkirche, deren Fundamentreste im Innern der heutigen Kirche gefunden wurden. Der zweite Bau aus dem 11. Jh. war eine Basilika, deren Mittelschiffpfeiler und Chor auf die Fundamente der alten Außenmauern gestellt wurden. Der querrechteckige **Turm** dieser Kirche, der bis in die Höhe von 14 Metern erhalten ist und damals vermutlich nicht viel höher war, diente der Verteidigung und erinnert stark an die Steinwerke genannten, massiven Festungshäuser Osnabrücks. Es ist sehr wahrscheinlich, daß der baubegeisterte Bischof Benno II. auch diesen Kirchenbau beaufsichtigt hat. 1177 wurde diese Kirche zum ersten Mal in einer Urkunde erwähnt, ab 1218 auch als Marktkirche. In der ersten Hälfte des 13. Jh. wurde der Turm um vier Geschosse erhöht und mit Bogenfries und Arkaden ausgestattet, die noch heute an der Nord- und Südseite des Turms im Kircheninnern zu sehen sind. In den letzten beiden Jahrzehnten des 13. Jh. ersetzten die Bürger der Altstadt die Basilika mit ihren schmalen Seitenschiffen durch die hohe, dreischiffige **Hallenkirche**, deren vier Langhausjoche sie auf der Marktseite durch Ziergiebel über den hohen gotischen Fenstern wirkungsvoll in Szene setzten. Die beiden Seitenschiffe, die dem Mittelschiff in Höhe gleich sind, umschlossen nun den Turm an der Nord- und Südflanke. Im Osten münden sie in den Chorumgang. Eine Besonderheit ist der sogenannte **Brauteingang** an der Südseite. Zum Abschluß wurde das hohe Triumphkreuz aufgestellt, dann war die Kirche nahezu vollendet.

➢ Portal der Marktkirche

1534 wurde die Marktkirche protestantisch. Mehrere Male brannte St. Marien aus, z.B. in den Jahren 1613 und 1944. Bereits 1948–50 wiederhergestellt, mußte die Marienkirche aber 1987–93 einer umfassenden Restaurierung unterzogen werden, in der die letzten Kriegsschäden beseitigt wurden. An der Innenausstattung sind hervorzuheben die Kreuzigungsgruppe (um 1250), der Antwerpener Flügelalter und die farbige Strahlenmadonna, beide aus dem frühen 16. Jh., sowie das Taufbecken von 1560.

Gegenüber der Marktkirche steht eine Reihe alter Bürgerhäuser aus der Hansezeit. In einem von ihnen (Haus Nr. 6) wurde eine **Dauerausstellung** für den in Osnabrück geborenen Schriftsteller **Erich Maria Remarque** eingerichtet.

An jenem Ort stand früher die Raths-Apotheke von Heinrich Ameldung, deren Leiter Etschenreuther den Gesandten des Friedenskongresses einen ausgezeichneten Anis-Schnaps vorsetzte. Die Frau des Apothekers wurde in der dritten Welle der Hexenprozesse 1636 verbrannt. Ein paar Häuser weiter in Richtung Dom erinnert eine Tafel, daß dort 1772 Georg Christoph Lichtenberg wohnte. Der Gelehrte lästerte über das ortsübliche Brot (»Unser Pumpernikkel gib uns heute«) und konnte es nicht lassen, den geographischen Ort der Stadt zu bestimmen.

➢ Szene am neuen Bürgerbrunnen: Die Postkutsche aus der Zeit des Friedenskongresses

Wir gehen nun in Richtung Rathaus. Linker Hand, im Durchgang der Stadtbücherei, findet man eine große Tafel, die an die ermordeten jüdischen Bürger Osnabrücks erinnert. Man stößt auch auf den Namen des Künstlers Felix Nussbaum, zusammen mit fünf weiteren Angehörigen der Familie Nussbaum. Es lohnt ein kurzer Abstecher zum neuen **Bürgerbrunnen** auf dem kleinen Platz dahinter. Das Kunstwerk, 1986 von Hans-Gerd Ruwe geschaffen, stellt die wichtigsten Ereignisse der Stadtgeschichte Osnabrücks dar. Auch wenn man ihn schon kennt, findet man immer wieder Neues: Ganz oben sieht man Friedrich Barbarossa, ein paar Kirchtürme, die Türme der Stadtmauer, Bürgerhäuser der Altstadt, die Mühle, Ochsenkarren, den ersten Brunnen. Eine Kutsche stellt die erste Postverbindung Norddeutschlands dar, die 1643/44 von Thurn und Taxis zwischen Osnabrück und Münster für den Friedenskongreß eingerichtet wurde. Man erkennt eine namenlose Frau voller Angst, die als Hexe verbrannt werden soll, man sieht jenen aufsässigen Schneider Lenethum, der 1490 enthauptet wurde. Der Sensenmann mit dem Totenschädel geht um und entvölkert während der Pest die Stadt. Ganz abseits sitzt der Löwe, Symbol des Königreichs Hannover. Aber war es nicht umgekehrt - war Osnabrück nicht etwas abseits im Königreich?

Wieder zurück am Markt - übrigens ist ein Besuch der Tourist-Information unter der Stadtbibliothek sehr zu empfehlen - wenden wir uns in Richtung Heger Tor.

➧ Tourist-Information, Bierstraße 22–23, Tel. 0541-323-2202, www.osnabrueck.de

➢ Heger Straße in der Altstadt: Beispiel einer preisgekrönten Sanierung

Rechts in der Bierstraße findet man das ehrwürdige Hotel Walhalla, in dessen Gaststube einige Szenen des Romans »Der schwarze Obelisk« (1956) von Erich Maria Remarque spielen. Wie durch ein Wunder hat das Haus von 1690 mit der alten Giebelfront die Luftangriffe des Zweiten Weltkriegs überstanden. Man findet sogar noch eine der alten Hausmarken, die bis 1803 üblich war.

Auf der Heger Straße trifft man gleich rechts auf eine der eigentümlichsten Kneipen Osnabrücks: **»Olle Use«**. Das ist Platt, bedeutet »Alles unser« und geht zurück auf die **Heger Laischaft**, eine der sechs bäuerlichen Genossenschaften, die früher Wald und Weideland vor den Toren der Stadt besaßen. Die Laischaften waren nach Stadtteilen organisiert und nannten sich nach den Stadttoren, durch die sie ihr Vieh trieben. Damit auch ja kein Streit aufkam, gingen die Mitglieder einer Laischaft regelmäßig die Begrenzungen ab, die »Schnate«. Man führte die Jungen an die Grenzsteine der Weiden und gab ihnen jedesmal eine schallende Ohrfeige: »Olle use« (Alles unser). Die Heger Laischaft, die bis heute das Heger Holz unterhält, veranstaltet alle sieben Jahre einen solchen »Schnatgang«, in Erinnerung an diese handfeste Tradition. Der alte Brauch wird auch heute noch gehandhabt, wenngleich sehr symbolisch: In einem feierlichen Umzug marschiert die Heger Laischaft durch die Stadt, in der Lotter Straße bekommt ein Junge eine geschmiert, danach darf er sich etliche Biere genehmigen, wird von der Ortspresse abgelichtet und ist für kurze Zeit Mittelpunkt des Spektakels. Die ganze Stadt ist dann auf den Beinen und feiert.

➢ Haus Nr. 17 in der Marienstraße

Der nächste Schnatgang findet im Jahre 2004 statt.
Die Route führt uns weiter in Richtung Heger Tor. Nach der sanften Kurve steht man mitten im Stadtgebiet mit der höchsten Konzentration von Kneipen - sechs liegen fast in Armesreichweite. Sie heißen »Stiefel«, »Peitsche« oder »Zwiebel«. Dieses Kneipenviertel ist das Herz der vielgelobten Osnabrükker Altstadt. Besucher aus dem Umland, die einen Kneipenbummel machen wollen, legen hier los - und bleiben lange. In lauen Sommernächten ist die Fußgängerzone eine einzige Theke. Übrigens ist Osnabrück für die behutsame und stimmige Sanierung der Altstadt oft gepriesen, viel gelobt und manches Mal ausgezeichnet worden.
Das Heger Tor ist nah. Bevor Sie es durchschreiten, können Sie links an der Mauer das Bildnis eines Vogels sehen, Wappen der Heger Laischaft, die ihr Vieh durch dieses Tor trieb. Das Heger Tor kann man besteigen, doch wird der

Doppelcharakter des Bauwerks nur deutlich, wenn man es von beiden Seiten betrachtet: Innen ganz Stadttor, ist es außen eine Heldengedenkstätte, die an den Kampf des Osnabrücker Landwehrbataillons unter Oberst Halkett in der Schlacht von Waterloo erinnert. Ihnen zu Ehren wurde 1817 das alte Heger Tor, heute das letzte erhaltene Stadttor, außen zum triumphbogenartigen, klassizistischen **Waterloo-Tor** umgebaut.
Vor dem Besuch des Kulturgeschichtlichen Museums auf der anderen Straßenseite empfiehlt sich ein kurzer Gang zum **Bucksturm** - Rest der alten Stadtbefestigung. Schurken und mit Sicherheit auch viele, die unbescholten waren, wurden dort gefoltert: Graf Simon von der Lippe, der das Hochstift immer wieder überfiel, schmorte dort drei Jahre im Johanniskasten, einem aus Eichenbohlen gefertigten Verschlag. Die Wiedertäufer, die von Münster herübergekommen waren, um auch in Osnabrück Aufruhr zu stiften, wurden dort ebenfalls gefangengehalten. Unzählige Frauen, denen man Hexerei vorwarf, wurden dort gefoltert. Wer mag, kann diese heillose Stätte sonntags auch innen besichtigen.
Der Besuch des **Kulturgeschichtlichen Museums Osnabrück /Felix-Nussbaum-Haus** gegenüber ist unbedingt zu empfehlen, auch und vor allem des Felix-Nussbaum-Hauses wegen.

➧ Kulturgeschichtliches Museum / Felix-Nussbaum-Haus, Lotter Str. 2, Tel. 0541-3232207
Öffnungszeiten: Di–Fr 11–18 Uhr, Sa, So 10–18 Uhr
Führungen im Felix-Nussbaum-Haus: Sa und So 12, 14 und 16 Uhr

Auf dem Rückweg zum Markt sollten Sie vielleicht hinter dem Heger Tor, im Kneipenviertel, halbrechts in die Marienstraße einbiegen. Dort stehen nämlich zwei der schönsten **Steinwerke** Osnabrücks (Hausnummern 2 und 3 B). Die festungsartigen Bauten stammen aus dem 13./14. Jh. und haben bis zu 1,5 Meter dicke Mauern, die in Kriegszeiten den Bewohnern Schutz boten und in Friedenszeiten als stabile Lagerhäuser dienten. Man konnte früher aus Gründen der Sicherheit nur von außen in das obere Stockwerk gelangen. Ganz in der Nähe (Haus Nr. 17) steht ein altes **Osnabrücker Bürgerhaus** von 1587 mit einer seltenen Kombination von Giebel- und Traufenhaus.
Am Ende der Marienstraße lohnt ein Abstecher in die Krahnstraße. Das Eckhaus, Café Läer, spielte in der Zeit des Friedenskongresses eine bedeutende Rolle, da hier der spanische Gesandte seine Verhandlungen vom Bett aus liegend führte. Ein Teil des Anwesens ist ebenfalls ein Steinwerk. In der Nachbarschaft steht das **Willmannhaus**, das als eines der wenigen reichverzierten, alten Fachwerkhäuser den Zweiten Weltkrieg heil überstanden hat. Dort ist heute eine Weinhandlung untergebracht.

Der Maler Felix Nussbaum

Es gibt ein Bild von Felix Nussbaum, das fast jeder kennt: Ein noch junger Mann in Hut und Mantel mit hochgestelltem Kragen blickt aus dem Halbprofil den Betrachter an. Sein Gesichtsausdruck ist wach und ernst, um nicht zu sagen bedrückt. Auf seinem Mantel ist der Judenstern zu erkennen. Mit der linken Hand hält er einen Paß, der unverkennbar das Foto des Mannes zeigt. In großen Buchstaben sind die Worte »Juif« und »Jood« aufgedruckt. Die rechte Hand scheint den Mantelkragen hochzuklappen, ist aber eher schützend vor die Kehle gehalten. Hinter dem Mann ragt eine hohe Mauer auf. Der Mann befindet sich in einer nahezu ausweglosen Lage, wirkt in die Enge getrieben. Es gibt offensichtlich kein Entrinnen.

Das »Selbstbildnis mit Judenpaß« malte Felix Nussbaum 1943, ein Jahr vor seiner Ermordung im Konzentrationslager Auschwitz. Es ist symptomatisch für sein gesamtes Werk. Es gibt keinen anderen Künstler in der ersten Hälfte des 20. Jh., der mit dieser Konsequenz, mit dieser Wachheit Angst und existentielle Bedrohung zum Thema seines künstlerischen Werks gemacht hat. Das künstlerische Vermögen, die Bereitschaft und die Kraft, selbst in den schwärzesten Stunden seines Lebens für die Angst und Beklommenheit, die Bedrohung und die Unsicherheit den angemessenen künstlerischen Ausdruck zu finden, sichern ihm den Rang eines großen Künstlers. Ein vergleichbares Werk eines anderen Künstlers jener Zeit gibt es nicht.

Felix Nussbaum wurde 1904 in Osnabrück als Sohn einer jüdischen Kaufmannsfamilie geboren. Die wirtschaftliche Lage der Familie war ausgezeichnet, es gab Dienstpersonal, einen Chauffeur, man lebte in einer Villa in der Schloßstraße, im Sommer fuhr die Familie nach Norderney und Ostende. Sein Vater, Kavallerist im Ersten Weltkrieg,

»Der Künstler Nussbaum war kein ›Neuerer‹, er war weder im stilistischen Sinne ›fortschrittlich‹, noch rechnete er (sich) zur Avantgarde. Er gehört zu jener ›vergessenen Generation‹ der nach 1900 Geborenen, die als erste nicht mehr dem Expressionismus ihrer Väter folgen konnten und die, jeder für sich, ihren Stil suchten. Eine Generation, die wie keine andere in der Kunstgeschichte behindert, abgeschnitten und vergessen war durch das kunstpolitische Diktat des Nationalsozialismus nach 1933, den Krieg, das ideologische und kommerzielle Diktat der Abstraktion nach 1945 und schließlich durch die Stilstereotype der ›Neuen Sachlichkeit‹, die nur einen kleinen Teil dieser vielfältigen künstlerischen Ansätze rehabilitierte.«

(Karl-Georg Kaster)

➢ Das Felix Nussbaum-Haus

gehörte dem liberalen Judentum an, in der Freizeit war er begeisterter Maler. Auf seine Anregung hin begann Felix Nussbaum mit dem Kunststudium, zuerst an der Staatlichen Kunstgewerbeschule in Hamburg, dann an privaten Studienateliers in Berlin. Nach einem Aufenthalt an der Lewin-Funcke-Schule lernte er an der Hochschule der Bildenden Künste bei Cesar Klein und Paul Plontke und wurde schließlich Meisterschüler von Hans Meid. 1927 hatte Felix Nussbaum im Alter von 23 Jahren seine erste Einzelausstellung in der Galerie Casper am

Halleschen Ufer in Berlin. Nachdem er 1931 sein Gemälde »Der tolle Platz« in der Sezession ausgestellt hatte, war er zum Stadtgespräch geworden und als Künstler der jungen Generation anerkannt. Ein Jahr später erhielt er ein Stipendium für die Deutsche Akademie, Villa Massimo, in Rom.

Im Dezember 1932 brannte Nussbaums Atelier in Berlin mit 150 Bildern aus. Von Hitlers Machtergreifung erfuhr er in Rom. Nach einem Konflikt mit einem Stipendiaten – Nussbaum erhielt einen Faustschlag ins Gesicht – mußte er die Akademie verlassen. Er flüchtete an die italienische Riviera, nach Alassio und Rapallo. Für ein Jahr konnte er wieder Tritt fassen und malte Bilder voller Harmonie und Ruhe, die angesichts der politischen Lage in Deutschland, in das er nie mehr zurückkehrte, selbstbeschwichtigend wirken.

Anfang 1935 reiste Nussbaum mit einem Touristenvisum nach Paris, dann nach Ostende in Belgien. Allmählich änderte sich sein Leben von dem eines Künstlers auf Reisen zu dem eines Emigranten. Er lebte ständig in Pensionen und mußte oft seinen Aufenthaltsort wechseln, um in den Besitz einer Aufenthaltsgenehmigung zu kommen. Er konnte nicht mehr ausstellen, denn jede Art von Arbeit hätte die Ausweisung zur Folge gehabt. Nussbaum fehlte die Auseinandersetzung mit Künstlern und Kritikern, er geriet zunehmend in eine Krise. Seine Bilder zeigen Unsicherheit, Selbstzweifel, Bedrohung, das Gefühl der Sinnlosigkeit seiner Arbeit. 1938 nahm er an der Pariser Ausstellung des Freien Deutschen Künstlerbundes teil, die gegen die Nazi-Schau »Entartete Kunst« gerichtet war. Seine Malerei verstand Nussbaum fortan als politisch.

Nussbaum im Exil

1937 ging Nussbaum nach Brüssel und heiratete seine Lebensgefährtin Felka Platek, die er 1923 in Berlin kennengelernt hatte. Sein älterer Bruder lebte inzwischen in Amsterdam, seine Eltern folgten nach der Pogromnacht am 9. November 1938 dorthin. Als deutsche Truppen am 8. Mai 1940 in Belgien einmarschierten, wurde Nussbaum wie alle übrigen wehrfähigen Deutschen in das Pyrenäenlager St. Cyprien deportiert, das den Beinamen »die Hölle von Perpignan« bekam. Im August konnte er fliehen und kehrte zu seiner Frau nach Brüssel zurück. In seinen Bildern thematisierte er immer wieder die Verhältnisse im Lager, die Verzweiflung, die Enge, die Krankheiten, die schlimmen hygienischen Verhältnisse. Nach dem »Judenstern-Erlaß« vom 28. Mai 1942 sah er sein Leben in Brüssel als eine andere Form des Lagerlebens. Nachdem im August 1942 die Deportationen der Juden in die Konzentrationslager eingesetzt hatten, reflektierte er in seinen Bildern das Dilemma zwischen Ausharren und Flucht ins Ausland. Aber Nussbaum hatte keine Wahl: Die Gestapo suchte ihn bereits namentlich. Bis März 1943 kam er bei einem befreundeten belgischen Bildhauer unter, danach hielt er

sich in einer Mansarde über seiner ehemaligen Wohnung in der Rue Archimède 22 versteckt. Um sich nicht durch Terpentingeruch zu verraten, malte er in einem Keller nur noch mit Tusche und Gouache. Seine letzten Bilder sind der Ausdruck des Gejagtseins, einer zutiefst bedrohten Existenz. Nur noch im Schickal des jüdischen Volkes fand er Halt und Trost. In seinem letzten Bild thematisierte er den Triumph des Todes: Nussbaum zweifelte am Sinn der Kunst. 1944 wurde Nussbaum denunziert und mit seiner Frau über Malines (Mechelen) nach Auschwitz deportiert. Seine Eltern waren bereits Anfang 1944 dorthin gebracht worden, sein Bruder folgte ihm kurz darauf.

Die Gedenktafel für die ermordeten jüdischen Bürger Osnabrücks am Markt, unweit des Bürgerbrunnens, nennt den Namen Nussbaum sechsmal: Felix Nussbaum, Justus und Marianne Nussbaum, Philipp, Rahel und Sofie Herta Nussbaum. Alle kamen aus Osnabrück, alle wurden ermordet. Die Tafel ist neueren Datums und läßt erkennen, daß man sich in den ersten Jahrzehnten nach dem Zweiten Weltkrieg mit der Frage der ermordeten Mitbürger nur am Rande beschäftigt hat. Bis in Osnabrück ein Museum errichtet werden konnte, das den Namen des weltbekannten Malers Felix Nussbaum trägt und seine Bilder ausstellt, mußte ein langer Weg zurückgelegt werden. In über zwanzig Jahren haben Wissenschaftler in Osnabrück Leben und Werk Felix Nussbaums erforscht und sein Werk zusammengetragen. Das Kulturgeschichtliche Museum Osnabrück, dem das Felix-Nussbaum-Haus als Erweiterungsbau angeschlossen ist, besitzt heute die größte Sammlung des Künstlers weltweit.

Das Felix-Nussbaum-Haus

Von der Entstehung her ist das im Sommer 1998 eröffnete Felix-Nussbaum-Haus ein Erweiterungsbau des Kulturgeschichtlichen Museums Osnabrück. Es ist im wesentlichen dem Werk des Malers Felix Nussbaum gewidmet, soll aber auch für Wechselausstellungen anderer Künstler genutzt werden. Heute wirkt der Anbau wie das eigentliche Hauptgebäude und dieses wie ein unbedeutender Bau des Historismus, der dem grandiosen Neubau des amerikanischen Architekten Daniel Libeskind anhängt.

Das Felix-Nussbaum-Haus ist ein Bau des Dekonstruktivismus. Aus der Vogelperspektive entsteht das Bild eines entgleisten Zuges, dessen Waggons sich ineinander verkeilt haben. Es ist das Bild einer Katastrophe. Zwei langgestreckte, wie ein V angeordnete Gebäudeteile aus Sichtbeton, Zink- und Holzverkleidung sind an den Enden durch eine quer verlaufende Gebäudebrücke mit dem Haupthaus des Kulturgeschichtlichen Museums verbunden. Die Fluchtlinien der beiden Arme des »V« weisen auf die Villa Schlikker neben dem Museum, ehemals Sitz der NSDAP in Osnabrück, und auf den Ort der Synagoge, die es nicht mehr gibt.

➢ Nachdem Besucher den Museumsbau kennengelernt haben, können sie sich den Bildern Felix Nussbaums widmen

Irritation und Annäherung

Die nähere Umgebung des Museums ist mit Motiven aus einigen Bildern des Malers gestaltet, z.B. mit Sonnenblumen und einigen Artefakten. Über eine Stahlbrücke in der Breite eines Bahngleises nähert man sich dem Eingang. Der turmartige Bau rechts ist eine Verlegenheitslösung: Man fand im Boden die barocke Heger-Tor-Brücke, Teil der ehemaligen Bastion am Heger Tor, die erhalten werden mußte.

Über die Brücke nähert man sich dem Bau, stemmt eine Art Tresortür auf und betritt ein Gebäude, das den Besucher zutiefst verstört. Daniel Libeskind, der Architekt des Hauses, hat systematisch versucht, das dem Menschen innewohnende Verlangen nach vertrauten und gewohnten Verhältnissen zu durchkreuzen. Die Fensteröffnungen ohne rechte Winkel sind eher schräge Schlitze, die das Draußen verbergen. Kein Boden ist eben, al-

➢ Blick in die Schluchten und Gänge des Libeskind-Baus

le verlaufen schräg, man geht entweder abwärts oder nach oben. Normale, rechtwinklige Räume existieren nicht. Die meisten sind spitz- oder stumpfwinklig. Man geht auf Beton – unverhofft steht man auf einem Metallrost und sieht den Besuchern ein Stockwerk tiefer dbei zu, wie sie sich verunsichert den Bildern Nussbaums nähern. Und dann die Geräusche: Brutale, dumpfe, polternde Töne, als würden die Türen von Güterwaggons zugeschrammt.

Fast jeder Besucher reagiert mit dem Gefühl von Unbehaustheit, Verunsicherung, Gereiztheit und Orientierungslosigkeit. Aber fast jeder spürt auch die Funktion und den Sinn der (De-)Konstruktion. Warum soll ein Haus, das den Namen eines von den Nazis umgebrachten Künstlers trägt, »schön« und »anheimelnd« sein? Bilder einer tiefen existentiellen Krise in »ästhetischer« Umgebung? Es liegt auf der Hand, daß diese Architektur eine perfekte Entsprechung zur Bilderwelt Felix Nussbaums ist. Aber man fragt sich auch, wie niederländische Meister in diesen Räumen wirken.

Man weiß das alles – und doch bleibt das Gefühl der Verunsicherung und der Orientierungslosigkeit bestehen. Am Ende sucht man den Ausgang. Irgendwann hat man sie gefunden, diese Tresortür, die ins Freie führt. Sie ist zwanzig Zentimeter dick.

➧ Felix-Nussbaum-Haus, Lotter Str. 2, Tel. 0541-3232207, Öffnungszeiten: Di–Fr 11–18 Uhr, Sa und So 10–18 Uhr, Führungen Sa und So 12, 14 und 16 Uhr.

Die Altstadt

Vom Dom zur Vitischanze, Kunsthalle und Dominikanerkirche

Der **Dom St. Peter** ist die Keimzelle des Bistums und der Stadt Osnabrück. Von hier aus, besser gesagt vom Domkapitel, gingen nach der Reformation zahlreiche gegenreformatorische Impulse aus, bis der Westfälische Frieden 1648 jene einzigartige, sonderbare Regelung der alternierenden Herrschaft protestantischer und katholischer Bischöfe festschrieb. Welcher Bischof auch immer kam, der Dom als Bischofskirche war und blieb katholisch.

Bevor der Rundgang in den Dom führt, empfiehlt es sich, den **Löwenpudel** an der Ecke des Domvorplatzes anzusehen. Er steht nicht von ungefähr an diesem prominenten Ort. Um ihn rankt sich die Sage, daß dieses Tier die Stadt vor ihrem Gründer rettete. Widukind soll mit seinen Getreuen die fränkische Besatzung aus der Domburg vertrieben haben. Karl der Große schwor daraufhin, das erste lebende Wesen zu erschlagen, das ihm aus der Stadt entgegenkäme. Er belagerte die Stadt, und die Bewohner, voll der Furcht, schickten Karls Schwester, die in Osnabrück mit einem Sachsen verheiratet war, zu ihm hinaus. Sie sollte ihren Bruder besänftigen. Als Karl sie sah, erschrak er tief, denn nun mußte er nach dem Schwur seine Schwester töten. Er betete zum Herrn, und wie durch ein Wunder sprang plötzlich der Pudel der Schwester ihr voran Karl entgegen. Karl tötete den Hund, und die Osnabrücker errichteten dem Tier ein Denkmal aus Stein. Sie nennen den Hund »Löwenpudel«.

Nun empfiehlt es sich die Häuserfronten des alten Platzes abzugehen, der den sprechenden Namen **»Große Domsfreiheit«** trägt und an die Immunität des bischöflichen Hofes erinnert. Dort stand die erste Domburg, später wurde die Fläche als Friedhof genutzt, heute als Parkplatz und Wochenmarkt. Neben dem nördlichen Querhaus des Doms steht eine kleine Kapelle, bemerkenswerterweise exakt in der Fluchtlinie der Marienkirche. Sie hat drei Namen: **Kleine Kirche**, **Pauluskapelle** und **Gymnasialkirche**. Sie gehört zu der von Bischof Eitel Friedrich von Hohenzollern errichteten Jesuitenschule und stammt von 1682-85. Der Kalvarienberg an der Westseite – Jesus mit den beiden Schächern – wurde vermutlich von dem Meister des Hochaltars in der Johanniskirche geschaffen, der auch die Apostel im Dom gestaltete. Der Weg zwischen Kapelle und Dom nennt sich »Hexengang«, hat aber mit den Hexenprozessen in Osnabrück nichts zu tun: Der Name wurde im 19. Jh. vergeben, vermutlich aus romantisierenden Beweggründen. Neben der Kapelle steht das Gymnasium Carolinum, das auf die von Karl dem Großen 783 gegründete Priesterschule zurückgeht und somit eine der ältesten Schulen Deutschlands ist.

Haus Nr. 2 ist ein ansehnliches, 1835-39 im Stil des Klassizismus mit Elementen des Biedermeier errichtetes Doppelhaus. In der Ecke des Platzes (Hausnr. 4-6) steht das 1890-92 errichtete **Priesterseminar**, ein Bau des Historismus mit zwei Flügeln und einem Turm. Genau gegenüber dem Dom erhebt sich das **Bischöfliche Palais**, der frühere Dorgelosche Hof. Ab 1814 wurde das Anwesen als bischöfliche Amtswohnung genutzt. Die Westseite des Platzes findet ihren Abschluß in der **Neuen Fürstbischöflichen Kanzlei**, 1782-85 von dem Osnabrücker Landbaumeister Franz Schaedler errichtet. Der Bau stammt also aus der Zeit Justus Mösers und gilt als Osnabrücker Paradebeispiel des »Zopfstils«, des architekturgeschichtlich so interessanten Übergangs vom Spätbarock zum Klassizismus. Die Schauseite liegt allerdings zur Hasestraße. Dort prangt auch das englische Wappen, denn der Bau wurde unter Fürstbischof Prinz Friedrich von York errichtet, Sohn des englischen Königs Georg III.

Bleibt die Mitte des Möserplatzes mit dem **Denkmal** für **Justus Möser**, das 1836 von Johann-Friedrich Drake geschaffen wurde, einem Schüler Christian Daniel Rauchs.

Justus Möser

Justus Möser lebte von 1720-94, war Jurist und Publizist, Historiker und Staatsmann. Fast sein gesamtes Berufsleben arbeitete er für die Interessen Osnabrücks und des Hochstifts. Als Publizist schrieb er zahllose Beiträge über Volkskunde und Brauchtum, so daß der Beinamen »Vater der deutschen Volkskunde« und »Begründer der deutschen Publizistik« nicht ganz unangemessen sind. Sein bedeutendstes historisches Werk ist die »Osnabrückische Geschichte« von 1768, die er auf dem Standbild in der Hand hält. Sein wichtigstes literarisches Werk sind die »Patriotischen Phantasien« (1774-78), eine Sammlung von Aufsätzen, die er in den »Wöchentlichen Patriotischen Intelligenzblättern« veröffentlichte, einer von ihm 1756 gegründeten Zeitschrift. Sicherlich war er konservativ und altdeutsch gesinnt: Die Koordinaten seines Wertesystems waren Familie, Brauchtum, der heimatliche Boden, der Dialekt. Aber ein Mann, der so kernig und ursprünglich schrieb und der so großen Humor besaß, konnte so falsch nicht liegen. Goethe jedenfalls war von seinem Stil sehr angetan, wie er in »Dichtung und Wahrheit« bekannte, und nannte Möser anerkennend den »Patriarchen von Osnabrück«. Mösers größte Leistung aber war seine vermittelnde, ausgleichende Arbeit für das Hochstift als *advocatus patriae* und *secretarius* der Landes- und Justizkanzlei der Landstände - jenem Organ, in dem Domkapitel, Ritterschaft und Städte des Hochstifts vereinigt waren. Dort konnte Möser fast fünfzig Jahre die verschiedenen Interessen ausgleichen und zusammenführen.

Sich dem Dom anzunähern, gelingt am besten von der ehemaligen **Großen Domsfreiheit** und dem **Möserplatz** aus. Das mächtige Bauwerk, das wie kein anderes die Geschichte des Bistums Osnabrück verkörpert, ist eines der bemerkenswertesten Baudenkmäler des romanischen Kirchenbaus in Deutschland. Und das, obwohl fast jede große Epoche der Kunstgeschichte ihre Spuren hinterlassen hat, vor allem Gotik und Barock. Einzigartig der mächtige, achteckige Turm über der Vierung, bemerkenswert die ungleichen **Westtürme**, die einst beide gleich schlank waren. Für das unterschiedliche Aussehen gibt es diverse Erklärungen: Angeblich aus Gründen der Repräsentation wurde der südliche Turm wesentlich stattlicher und »schöner« erneuert, vielleicht waren auch die Glocken zu schwer oder der Druck nach einer Auswölbung zu groß, so daß der Turm baufällig geworden war. Eventuell hielt auch der sandige Untergrund den Belastungen nicht stand. Wie dem auch sei, man mußte den Turm erneuern und entschied sich für einen Prunkbau im Stil der Gotik.

Der Platz vor den beiden Westtürmen bietet noch einmal einen Eindruck der Mächtigkeit dieses aus Osning-Sandstein gefügten Bauwerks. Es ist nicht zu übersehen, daß das untere, fensterlose Drittel wie eine Festung wirkt. Hier sieht man sie am besten, die beiden ungleichen Türme, romanisch der schlanke Bau (11./12. Jh.) und gotisch der wuchtige Turm (16. Jh.). Obwohl in den Bau sowohl außen als auch innen zahlreiche verschiedene Stilelemente eingefloßen sind, gehört der Osnabrücker Dom zu den spätesten und reifsten Zeugnissen der Romanik.

Der heutige **Dom** ist die dritte Kirche an dieser Stelle, über die Vorbauten ist aber nur wenig bekannt. Die geschichtlichen Fakten sind spärlich. So gab es wohl einen 785 geweihten Kirchenbau, ob aus Stein oder Holz, ist ungewiß. 890 wurde die Domkirche zerstört. Vermutlich wurde an diese Kirche in karolingischer Zeit im rechten Winkel der **Kreuzgang** angebaut, der heute so auffällig von der Domachse abweicht. Aus welchen Gründen auch immer wurde die Domachse beim Neubau beträchtlich verschoben, so daß der Kreuzgang heute schräg zum Dom liegt. Zum Vorgängerbau gehörte der Westbau, bestehend aus zwei gleichen Türmen, beide zwei Geschosse niedriger als der (heutige) Nordturm. Sie umfaßten einen Bau in der Breite des Mittelschiffes. Von diesem sogenannten »Sächsischen Westwerkriegel«, der vielleicht unter Bischof Benno II. errichtet wurde, ist der Nordturm samt Treppe und Annexraum erhalten. Nach dem ersten Dombrand 1100 konnte man innerhalb von sechs Jahren den Dom wiederaufbauen. Erhaltene Bauteile dieser Zeit sind der un-

➢ Blick auf den Dom mit seinen ungleichen Türmen

➢ Folgende Doppelseite: Das Innere des Doms

➢ Die große Domsfreiheit mit der neuen fürstbischöflichen Kanzlei, im Hintergrund die Marktkirche

tere Bereich der Vierung und der östlichen Querhauswände und vor allem die Maße des Hauptschiffes zwischen Westwerk und Vierung.

Im 13. Jh. erhielt der Dom seine heutige Gestalt. Obwohl der Bischof in einen aufreibenden Konflikt mit den Grafen von Tecklenburg verstrickt war, konnte der Dombau zügig vorangetrieben werden: Man baute ein neues Langhaus und den neuen Chor. Ein großes Mittelschiffjoch des Langhauses entspricht in der Breite zwei Seitenschiffjochen.

1254 brannte der Dom abermals. Bis 1277 wurde ein neuer, romanischer Chor gebaut, der bis heute erhalten ist. Zu einer Zeit, da in Deutschland der gotische Stil schon längst Fuß gefaßt hatte, zeigten die Baumeister noch einmal die hochentwickelte Kunst des alten, romanischen Stils, dessen Zeit doch schon längst abgelaufen war. Selbstbewußt hat sich der Baumeister mit einem Porträt über dem Mittelfenster selbst verewigt.

1277 war der Dom im Grunde vollendet. Um 1450 wurde dem Chor ein Umgang angefügt, später baute man die Kreuz- und die Marienkapelle an. 1509–44 wurde der Südturm abgetragen und mit doppelter Kantenlänge, also dem vierfachen Bauvolumen, erneuert. 1772, zum Domjubiläum, wurde ihm eine barocke Haube aufgesetzt. Noch während der Turm errichtet wurde, erhielt der Dom ein neues Portal, dessen Maßwerk die gotische Rose (14. Jh.) leicht anschneidet.

Bevor der Rundgang in den Dom hineinführt, sei an dieser Stelle ein Besuch der **Domschatzkammer** und des **Diözesanmuseums** (Domhof 12) empfohlen, zu-

mal man danach den Dom mit kenntnisreicheren Augen sehen wird. Dort werden die bedeutendsten Heiligtümer der Bischofskirche in Schreinen aufbewahrt: die Reliquien des Heiligen Kreuzes und der hl. Märtyrer Crispin und Crispinian, der hl. Regina, der hl. Cordula und des hl. Permerius. Eine Kreuzreliquie befindet sich im sogenannten **Kapitelskreuz**, dem schönsten und kostbarsten Werk des Domschatzes und eines der herausragenden Werke der Goldschmiedekunst des 11. Jh. Hervorzuheben sind die Skulpturen des »Meisters von Osnabrück« (16. Jh.) und das Meßgewand von Bischof Benno II. aus byzantinischer Seide (11. Jh.). Wieviel auch immer im Laufe der Geschichte aus dem Dom entfernt wurde, im Diözesanmuseum findet sich einiges wieder.
Durch das Hauptportal im Westwerk betreten wir den Dom. Eines der interessantesten Ausstattungsstücke des Doms ist die **Taufe**, die im nördlichen Seitenschiff, nah beim Turm, zu finden ist.
Der schlichte Bronzekessel stammt aus dem frühen 13. Jh. Durch das Mittelschiff nach vorn gehend, sieht man am Übergang vom Mittelschiff zum Chor das große Triumphkreuz, mit sieben mal fünf Metern das größte in Niedersachsen. Der kunsthistorische Wert tritt allerdings etwas hinter die Maße zurück. Im Mittelschiff hat man den besten Eindruck der Mächtigkeit des Doms, doch sollte man sich nicht täuschen lassen: Zwischen Außen- und Innenmauern klafft eine etwa vierzig Zentimeter breite Lücke, die mit Erde und Schutt verfüllt wurde. Die Füllung sackte im Laufe der Jahrhunderte stark ab, es entstanden Hohlräume, so daß sich die Mauern nach außen neigten und rissen. Das Problem ist bis heute nicht gelöst.
Jede Kunstepoche hat im Inneren des Doms ihre Spuren hinterlassen. Bischof Clemens August (1728-61) allerdings betrieb eine radikale Barockisierung, die wohl nur als Bildersturm bezeichnet werden kann. Was der Barockisierung im Wege stand, wurde abgeschlagen, fast die gesamte mittelalterliche Ausstattung wurde entfernt. Heu-

➢ Die ungleichen Türme des Doms auf einer historischen Postkarte

te ist aus dieser Zeit nur noch verhältnismäßig wenig erhalten: Die Barockkanzel, die zahlreichen Kapitellchen und der Kerssenbrock-Epitaph im südlichen Querhaus für Dompropst Ferdinand von Kerssenbrock, Clemens Augusts Statthalter in Osnabrück. Viele barocke Stuckelemente waren für den porösen Sandstein zu schwer und rissen aus der Verankerung. So erkennt man heute nur noch die zahlreichen Löcher in Säulen und Wänden, in denen der Stuck verankert war.

Eine kunsthistorische Besonderheit sind die beiden schmiedeeisernen **Perspektiv-Gitter**, die den Chorumgang begrenzen und, wie ihr Name schon sagt, eine perspektivische Wirkung hervorrufen. Sie wurden bereits 1664 eingebaut und sind für Norddeutschland eines der ersten Beispiele. Am äußersten Ende des Chorumgangs liegen die **Kreuzkapelle** mit dem Kreuzigungsaltar, die **Marienkapelle** und der **Margarethenaltar** im Südosten, zweifellos die bedeutendsten Kunstschätze des Doms. Der Kreuzigungsaltar wurde 1517 in der Werkstatt eines Osnabrücker Meisters im Auftrag des Domherrn Lambert von Snetlage angefertigt, daher sein Beiname »Snetlage-Altar«. Die Marienkapelle zeigt als Altaraufsatz die Plastik einer Pietà vor einem Bild der Kreuzabnahme (15. Jh.). Der Margarethenaltar im Südosten des Chorumgangs wurde um 1520 gefertigt, vermutlich von einem Künstler aus dem Umfeld des Meisters des Snetlage-Altars.

Ein Besuch des **Kreuzgangs** ist unbedingt zu empfehlen, allein schon der Ruhe wegen, die diesem Ort eigen ist. Man erreicht ihn vom Querhaus aus. Der ältere Ostflügel, in dem Sie nun stehen, hatte im nördlichen Joch zwei Säulen aus spätkarolingischer Zeit, die zum ältesten Baubestand des Klosters gehören. Die Kapitelle wurden aus konservatorischen Gründen ausgebaut und sind nun im Diözesanmuseum ausgestellt. Dem aufmerksamen Betrachter werden die tiefen Mulden und Einschnitte im Mauerwerk auffallen. Man erklärt sich die Mulden damit, daß im 12. Jh. nachts Sachsen in das Kloster eindrangen, um ihren Göttern Fettopfer darzubringen. Die Kerben in den Wänden sollen von fahren-

➢ Das Kapitelskreuz im Kreuzgang ist das bedeutendste Stück des Osnabrücker Domschatzes

➢ Das Stadttheater, erbaut im Jugendstil

den Rittern stammen, die im Kloster ihre Schwerter stumpf machen mußten, sofern sie dort übernachten wollten. Am anderen Ende des Kreuzgangs gelangt man wieder in den Dom - gute Gelegenheit, um den **Reinerusschrein** zu besichtigen, der die Gebeine des Reiner von Osnabrück enthält, der sich im 13. Jh. in einer der Turmhallen einmauern ließ. Fürst Rainier von Monaco fand aus welchen Gründen auch immer Gefallen an dem Mönch und ließ eine Briefmarke ihm zu Ehren gestalten.

An der Südseite des Doms entlang führt der Rundgang in Richtung Hase. Das **Stadttheater** rechter Hand wurde 1907-09 durch Friedrich Lehmann im Jugendstil errichtet. Weiter auf der Kleinen Domsfreiheit, dann links in den Conrad-Bäumer-Weg, kommt man zur Hase. Jenseits der Holzbrücke kann man nach rechts auf dem **Herrenteichswall**, dem längsten erhaltenen Stück der Stadtbefestigung, einen Abstecher zum **Haarmannsbrunnen** machen. Der 1909 als erstes Arbeiterdenkmal in Deutschland errichtete Brunnen erinnert an einen Wassereinbruch im Steinkohlebergwerk am Piesberg, bei dem neun Kumpel ertranken.

Es geht auf dem Herrenteichswall in umgekehrter Richtung zurück, in Richtung Vitischanze. Unterwegs kommt man an den bischöflichen Gärten vorbei, Wenn die Sonne richtig steht, bietet sich vom Wall der wohl schönste Blick auf den Dom. Auch die Türme der Marienkirche und der Katharinenkirche schieben sich ins Bild.

Hier wird heute in kleinen Parzellen Gemüse angebaut, sogar ein Rest der alten Stadtmauer ist in den Gärten zu sehen. Die Bauten jenseits des Gartengrüns sind die Häuser an der Großen Domsfreiheit.

Auf dem unteren Weg, nah an der Hase, erreicht man den efeubewachsenen **Pernickelturm**, der hart am Rand des Erich-Maria-Remarque-Rings steht. Dort führt der Rundgang nach links, über die Hase. Die **Pernickelmühle** aus mittelalterlicher Zeit ist nicht erhalten, der Nachfolgebau stammt aus dem späten 19. Jh. An diesem Ort lebte im späten Mittelalter ein Müller, der von den Hexenverfolgungen in der Stadt nichts hielt und Frauen, die als Hexen verfolgt wurden, bei sich aufnahm. Der Rat der Stadt Osnabrück war machtlos, denn die Mühlen an der Hase unterstanden dem Bischof. Maximilian III. bestätigte die Immunität, daher das Wappen am Nachbarhaus der Mühle.

Vom Petersplatz kommt man nach halbrechts in die Mühlenstraße, an deren Ende es rechts in die Hasestraße geht, dann links in den Vitihof. So mancher ergötzt sich hier gern an der »**Waschfrau**« in ihren drei Röcken, die mit festem Griff einen Bengel am Brunnen schrubbt und einen zweiten mit den Beinen eingeklemmt hält – eine Szene, als wäre sie einem Gedicht Wilhelm Buschs entsprungen. Die Frisur der Dame könnte nicht besser sein.

Am Ende kommt man rechts zur **Vitischanze**, dem bedeutendsten Teil der alten Stadtbefestigung. Mitten im brandenden Verkehr erzählt die Vitischanze ihre alte Geschichte von der Stadt, die ihren Feinden so oft trotzen konnte, den Tecklenburger Grafen Widerstand leistete, aber dann doch die Schweden hineinlassen mußte. Die Anlage besteht aus dem **Barenturm** von 1471, der **Hohen Brücke** von 1564 und der eigentlichen **Vitischanze**, die an strategisch wichtiger Stellen, an der Hase-Furt, angelegt wurde. Benannt wurde der Ort nach dem Vitihof, einem ehemaligen Hospital mit Kapelle, die dem hl. Viti geweiht war.

Auf dem lauten Hasetorwall führt die Route nach Südwesten. Nach gut hundert Metern kann man links auf die ruhigere Straße Hasemauer ausweichen. Halbrechts sieht man den Turm **Bürgergehorsam** von 1517–19, Teil der alten Stadtbefestigung. Die Hasemauer führt geradewegs zur **Dominikanerkirche**, in der heute die Städtische Kunsthalle untergebracht ist. Die zweischiffige Kirche wurde ab Ende des 13. Jh. errichtet, die Bauarbeiten am Langhaus zogen sich bis in die erste Hälfte des 15. Jh. hin. Das Bauwerk wurde zwar im Zweiten Weltkrieg zerstört, doch konnte es später wieder aufgebaut werden. Heute sind dort die **Kunsthalle Dominikanerkirche** und das Kulturamt untergebracht. Der anschließende **Klostertrakt** ist ein Gebäude aus der Barockzeit. Über die Bierstraße erreicht man den Markt mit Rathaus und Marktkirche.

Durch die Neustadt

Vom Schloß zur Johanniskirche

Der dritte Rundgang führt vom Schloß durch die Neustadt zur Johanniskirche, dann zum Ledenhof und zur Katharinenkirche in der Altstadt. Von dort erreicht man in wenigen Minuten entweder das Kulturgeschichtliche Museum Osnabrück/Felix-Nussbaum-Haus oder den Markt mit Rathaus und Marktkirche.

So ungünstig und sonderlich die »alternative Sukzession« auch war, die Osnabrück im Wechsel drei protestantische Potentaten aus dem Haus der Welfen und zwei katholische Herrscher einbrachte, so kam die Stadt auf diese Weise doch zu einem ansehnlichen **Barockschloß**. Das Bauwerk wurde von Ernst August I. 1667–75 am Neuen Graben auf einer Fläche errichtet, die den sprechenden Namen »Wüste« trug. Es ist eines der frühesten Barockschlösser in Deutschland. Zunächst hatten Ernst August I. und seine Gemahlin Sophie von der Pfalz in der alten Residenz der Bischöfe, dem Schloß zu Iburg, hofgehalten, sich aber wegen der Enge, die ihrem aufwendigen Lebensstil nicht entsprach, für den Bau des Schlosses entschieden. Planung und Bauausführung lagen in den Händen des Grafen Nicolao von Montalbano. 1673 wurde der Regierungssitz nach Osnabrück verlegt, und Sophie beaufsichtigte fortan die künstlerischen Arbeiten, allen voran die Anlage des barocken Gartens. Das Schloß, zu schnell errichtet, um solide gebaut zu sein, sah die Familie nur einige Jahre. Ernst August I. trat 1679 die Herrschaft über das Herzogtum Hannover an, und kurz darauf wurde der Regierungssitz nach Hannover ins kalte Leineschloß verlegt. Sophie war untröstlich und verließ Osnabrück mit dem größtem Kummmer in der Seele. Schloß und Garten trau-

➢ Das Torhaus des Barockschlosses

erte Sophie noch lange nach: »Ich werde mein Leben lang den Garten und das Schloß in Osnabrück vermissen. Meinen Garten, meine Blumen, mein Haus, meine Möbel. Ich finde mich dieser Freuden auf einmal beraubt.« Um das Schloß, das nur wenige Jahre seinem ursprünglichen Zweck entsprechend genutzt worden war, wurde es einsam. Die Anlage wurde einige Zeit nur noch gelegentlich für hohe Anlässe genutzt. Dann zog Dompropst von Kerssenbrock mit seiner Verwaltung ein, Vertreter des in Bonn residierenden Bischofs Clemens August. Unter Fürstbischof Friedrich von York (1764–1802) blühte die Residenz wieder auf und wurde angemessen ausgebaut. Im Zweiten Weltkrieg ausgebrannt, wurde das Schloß als moderner Bau in historischer Fassade wieder errichtet.

Um mangelndes Leben braucht man sich beim Schloß heute keine Gedanken zu machen: die weitläufige Anlage wird von der Universität Osnabrück als Hauptverwaltung genutzt. Das Bauwerk entzieht sich am Neuen Graben dem Blick des Besuchers, ist der Komplex doch einem »Hotel« nachempfunden, einem Stadtpalais des französischen Adels. Zum Neuen Graben erstreckt sich ein weitläufiger, schlichter Flügelbau. Durch das etwas aufwendiger gestaltete **Torhaus** gelangt man

in den **Cour d'honneur**, zu dessen Seiten sich ehemalige Wirtschaftsgebäude erstrecken. Gegenüber dem Torhaus liegt der Hauptbau, das eigentliche Schloß, ein dreieinhalbgeschossiger Corps de Logis, nüchtern selbst auf seiner Schauseite. Über dem Haupteingang prangt das Wappen der Welfen.

Wo Sophie von der Pfalz auch lebte, den Schloßgärten galt ihre Sorge. In Osnabrück soll sie bereits morgens um sechs Uhr aufgestanden sein, um die Soldaten zu beaufsichtigen, die den barocken Garten anlegten. Für Sophie sollte der Schloßgarten in Osnabrück nur eine Art Fingerübung für die prachtvolle Anlage von Herrenhausen in Hannover sein. Was diesem erspart blieb, mußte der Garten in Osnabrück über sich ergehen lassen: die Umgestaltung des streng berechneten barocken Gartens in einen Landschaftsgarten der englischen Art. Den Kontrast zwischen dem Parterre mit seinen abgezirkelten Blumenrabatten nah beim Schloß und dem weiten englischen Landschaftsgarten mit seinen vereinzelten Bäumen weiter nach Süden zeigt die Anlage noch heute.

Ziel des Rundgangs ist die Johanniskirche in der Neustadt. Die Route führt nun zwischen dem Schloßgarten rechter Hand und der Mensa links nach Süden, das Schloß liegt im Rücken. Durch

die Ritterstraße, dann links in die Schloßstraße, führt die Route jenseits der Kolpingstraße auf einem Fußweg in der alten Richtung weiter. Schon bald kann man die Türme der Johanniskirche sehen. Kurz darauf steht man vor dem mächtigen Westwerk der doppeltürmigen Kirche.

Im Jahre 1011 gründete Bischof Dethmar für damalige Verhältnisse weitab vom Dom im Süden Osnabrücks das **Kollegiatstift St. Johann**, also ein Kloster samt Kirche und Priesterschule. War der Dom der Gründungskern der Altstadt, so entwickelte sich das Stift St. Johann zur Urzelle der Neustadt.

1256 legte Bischof Bruno von Isenburg den Grundstein für die heutige **St. Johanniskirche**. Im Jahre 1292 wurde das Bauwerk geweiht. Es ist die dritte Kirche an dieser Stelle. Vor der beeindruckenden Westseite stehend, fällt sofort die Ähnlichkeit mit dem Dom ins Auge. Vor allem die Doppelturmanlage mit dem bis in halbe Höhe festungsartigen »sächsischen Riegel« erinnert an die bischöfliche Kirche. Doch ist die Gestaltung hier gefälliger, besonders durch die wundervolle, besser positionierte Rose über dem gotischen Portal. Der nördliche Turm trägt seit eh und je ein Pyramidendach, der südliche Turm bekam 1740 eine Haube mit Lampe verpaßt.

Bevor wir die Kirche betreten, empfiehlt sich die Umrundung der gesamten Anlage, am besten im Uhrzeigersinn. Die **Kreuzkapelle** links an der Ecke stammt aus dem frühen 14. Jh. Ein schmaler Weg führt am Kreuzgang entlang, der aber nur durch das Kircheninnere zu erreichen ist. Um den Chor herum, dann ist der Eingang am südlichen Querhaus erreicht.

Der helle, lichte, weiträumige Eindruck im Innern der Johanniskirche kommt nicht von ungefähr: Der Rang dieses Gotteshauses ergibt sich aus der Tatsache, daß die Baumeister hier erstmals eine reine **Hallenkirche** bauten, mit gleich hohen, gleichrangigen Schiffen. So entsteht der Eindruck eines einzigen, großen Raumes, ungetrübt durch dunkle, niedrige Seitenschiffe. Gleich im südlichen Querhaus stößt der Besucher auf einen der größten Schätze der Kirche: ein **Sakramentshäuschen** mit vergoldeter, sehr fein gestalteter Tabernakeltür, vermutlich eine Arbeit des Goldschmieds Johannes Dalhoff. Im Chor und in der Vierung findet man 16 Plastiken aus der ersten Hälfte des 15. Jh., die Christus und Maria, die Apostel und Johannes den Täufer darstellen, den Schutzpatron der Kirche. Hier befindet sich auch der **Altaraufsatz**, dessen kunsthistorischer Wert kaum überschätzt werden kann: Es handelt sich um einen mit 1512 datierten Schrein, in den mehrere Figurengruppen eingearbeitet sind. Der Künstler wurde früher umschreibend als »Meister des Hochaltars der Johanniskirche zu Osnabrück« bezeichnet, ist aber wohl identisch mit Ewald Rohden. Die Plastiken stammen von verschiedenen Künstlern, die Figur der hl. Ursula (um 1515) wird dem Hauptmeister der »Werkstatt des Meisters von Osna-

➢ Die frühgotische Kirche St. Johannis

brück« zugeschrieben und stellt eines seiner wichtigsten Werke dar.
Gegenüber dem Eingang, also an der Nordseite des Querhauses, kommt man in den **Kreuzgang** aus dem frühen 14. Jh., in dessen Mitte einige Gräber liegen.
Wieder auf dem Kirchenvorplatz, fallen zwei Kunstwerke ins Auge. Eines ist die interessant gestaltete Backstein-Ummantelung einer öffentlichen Bedürfnisanstalt, das andere der **Landschaftsbrunnen**, auf dem Fürstbischof, Geistlicher, Ritter und Ratsherr abgebildet sind. Daß auch eine Bäuerin bei den vier traditionellen Landständen dabeisein darf, ist ein Zugeständnis unserer Zeit.
Durch die Johannisstraße, eine Fußgängerzone, geht es weiter nach Norden, Richtung Altstadt. Auf halbem Weg kommt man links durch die Seminarstraße, dann rechts durch die Lyrastraße zum Neuen Graben. Schon von weitem ist jenseits der Straße der **Ledenhof** zu sehen. Das Anwesen besteht aus dem Hauptgebäude (Palas) mit einem Treppenturm und dem wesentlich älteren, höheren Steinwerk. Bis zum Zweiten Weltkrieg durch benachbarte Bauten eingebunden, steht der Ledenhof, das bedeutendste bürgerliche Bauwerk der Stadt, heute frei wie ein Solitär. Der Hof gehörte einst der Familie Leden, die im frühen 14. Jh. aus dem Tecklenburgischen nach Osnabrück kam und es binnen kurzer Zeit zu einer der einflußreichsten und wohlhabendsten Familien der Stadt brachte, aus der mehrmals Bürgermeister hervorgingen und der schließlich der Aufstieg in den Adel gelang. Heute sind im Ledenhof die Deutsche Stiftung Friedensforschung und das Literaturbüro Westniedersachsen untergebracht.
Das Steinwerk des Ledenhofs wurde, vergleichbar mit den anderen Bauten dieses Typs, erst Anfang

➢ Der Ledenhof, heute Sitz der Deutschen Stiftung Friedensforschung und des Literaturbüros Westniedersachsen

des 14. Jh. errichtet - nicht zu Verteidigungszwecken, sondern um Vorräte zu lagern. Durch die Aufstockung im 15. Jh. erhielt der Bau sein turmartiges Aussehen. Heinrich Leden, der dritte Bürgermeister aus dieser Familie, ließ zu Beginn des 16. Jh. einen Renaissance-Bau über Eck anbauen, so daß das Wohnhaus in alle vier Richtungen Blickfreiheit gewährte, aber mit dem Steinwerk über einen Durchgang verbunden war. 1588 wurde an das Wohnhaus der Treppenturm angebaut und der südliche Giebel gestaltet. Die auffällige diagonale Bemalung von Hauptgebäude und Treppenturm wurde bei der Renovierung nach 1964 angebracht, entspricht aber ganz der historisch verbürgten Gestaltung. Im Ledenhof kann man einen repräsentativen Raum für private Feiern mieten - und sich ganz wie im 16. Jh. fühlen, als Heinrich Leden in der Stadt die Fäden zog.

An der Brunnenanlage vorbei erreicht man durch die Straße »Am Ledenhof« die **Katharinenkirche**. Das ganze Viertel um die Kirche verdient Beachtung, zum einen wegen der historischen Einheit des Quartiers, zum anderen aufgrund einiger architektonisch bedeutender Bauwerke. Das **Pfarrhaus** An der Katharinenkirche 4 ist z.B. ein Steinwerk, das baulich allerdings stark verändert wurde. Das Gebäude Hakenstraße 9 ist ein seit dem 14. Jh. bekannter Adelshof, die **Poggenburg**. Um 1465 wohnte dort Bürgermeister Ertmann, der Osnabrück von der Reichsacht befreite, im 19. Jh. lebte hier die Familie Ostman von der Leye.

St. Katharinen ist, ähnlich wie St. Johannis, die dritte Kirche am selben Ort. Um 1990 fand man bei Grabungen im Innern acht Säulenfundamente, die auf eine achteckige Rundkirche als ersten Bau

➢ Turm der Katharinenkirche, im Vordergrund die Flügelbauten des Schlosses

schließen lassen könnten. Etwa Mitte des 13. Jh. wurde ein Vorgängerbau erwähnt, eine kreuzförmige, dreischiffige Kirche mit zwei Langhausjochen. 1320 bis 1500 dauerten die Bauarbeiten am heutigen Gebäude, einer spätgotischen, westfälischen Hallenkirche. St. Katharinen, das jüngste Gotteshaus der Altstadt, war Hofkirche von Ernst August I. Zwischen den Pfeilern zum südlichen Schiff befindet sich der Sarkophag von Sophie von der Pfalz, der Gemahlin Ernst Augusts I., und eines namenlosen Sohnes, der am 13. Dezember 1666 geboren wurde und kurz nach der Geburt verstarb.

Für den Turm der **Katharinenkirche**, mit 103 Metern der höchste von Osnabrück, ist das Langhaus auffallend kurz geraten. Überhaupt ist das Langhaus mehr breit als lang. Die Kirche wirkt innen etwas nüchtern, was mit einer radikalen Erneuerung um 1870 und den Zerstörungen im Zweiten Weltkrieg erklärt werden muß.

Als Rückweg ins Zentrum der Altstadt empfiehlt sich die Hakenstraße, in der einst die Familie Erich Maria Remarques lebte, die sich damals noch »Remark« schrieb. Am Ende der Hakenstraße liegt der langgestreckte Riegel des **Nikolaizentrums** liegt, eines städtebaulich sehenswerten Gebäudes vom Beginn der 80er Jahre mit Wohnungen, Geschäften, einem Hotel, Büros, Café, Restaurant und einer Tiefgarage. Aufgrund der Balkone, Wintergärten und Terrassen macht es einen sehr lebhaften Eindruck. Jenseits des Durchgangs, weiter auf der Hakenstraße, kommt man links durch die Krahnstraße zum Rathaus. Dort kann man zum Abschluß dieses Rundgangs beispielsweise dem kulturgeschichtlichen Museum einen Besuch abstatten, oder sich im Felix-Nussbaum-Haus umsehen.

Erich Maria Remarque

Wollte man das Leben des Schriftstellers Erich Maria Remarque mit einem prägnanten Satz beschreiben, müßte man sagen: Der Mann wurde über Nacht berühmt durch ein einziges Buch. In der Tat machte der Anti-Kriegsroman »Im Westen nichts Neues« seinen bis dato unbekannten Autor, unterstützt durch eine raffinierte Werbekampagne von Ullstein, auf einen Schlag weltbekannt. Es war, als hätten die Leser nur auf einen Schriftsteller gewartet, der ihnen die alltäglichen Greuel des Weltkrieges nüchtern erzählte.

»Im Westen nichts Neues« ist bis heute ein Bestseller geblieben: Rund 20 Millionen Auflage, Übersetzungen in über 50 Sprachen, über 40.000 Exemplare werden zur Zeit im Jahr allein in Deutschland verkauft. Über den Autor selbst ist nur wenig bekannt, vor allem nicht über den wahren Remarque hinter dem Dandy, den er bis in seine reifen Jahre geben zu müssen glaubte. Dabei hat der riesige Erfolg dem Autor schwer zu schaffen gemacht: »Ich war beispiellos hochgeschleudert worden und konnte eigentlich nur noch fallen«, schrieb Remarque 1966 in einem Selbstinterview.

Der Bürger Erich Paul Remark

Erich Paul Remark – so der eigentliche Name – kam am 22. Juni 1898 als Sohn des Buchbinders Peter Franz Remark und dessen Ehefrau Anna Maria geb. Stallknecht in Osnabrück zur Welt. Die Familie lebte in bescheidenen Verhältnissen und wechselte häufig den Wohnsitz, um Neubauquartiere bei niedriger Miete trockenzuwohnen. Der Junge ging auf die Dom- und die Johannisschule und besuchte ab 1916 das Katholische Seminar mit dem Ziel, Volksschullehrer zu werden. Im November 1916 wurde Erich Paul Remark eingezogen und in der Caprivi-Kaserne in Osnabrück ausgebildet. Nach sechs Wochen an der Westfront wurde er im Juli 1917 durch Granatsplitter verwundet und lag bis Kriegsende in einem Lazarett in Duisburg.

Vor dem Krieg traf sich der junge Remark schon mit künstlerisch veranlagten Freunden wie Fritz Erpenbeck, dem späteren Schauspieler und Dramaturgen, sowie dem künftigen Maler Friedrich Vordemberge bei seinem geistigen Mentor Fritz Hörstemeier. Nach der »Traumbude« unter dem Dach des Hauses Liebigstraße 31 nannte sich die Gruppe »Traumbudenkreis«. Ihr widmete der angehende Schriftsteller Remark sein erstes Werk, den schwärmerischen Künstlerroman »Die Traumbude«, der

1920 erschien. Es war nicht seine erste Publikation: Seit 1918 hatte Remark Gedichte und Kurzgeschichten geschrieben und Reiseskizzen sowie Theater- und Konzertkritiken in der »Osnabrücker Tages-Zeitung« publiziert. Nach der Ausbildung am Katholischen Seminar arbeitete er 1919/1920 als Lehrer, schlug sich dann mit Gelegenheitsarbeiten durch und knüpfte Kontakte zur Firma »Continental« in Hannover, wo er ab Oktober 1922 als Redakteur der Werkzeitschrift arbeitete.

Noch in Osnabrück, spätestens ab 1921, schrieb er seinen Namen in Anlehnung an seine französischen Vorfahren »Remarque«. Den zweiten Vornamen änderte er in »Maria«, seine Verehrung Rainer Maria Rilkes betonend. Damit wurde ein Charakterzug Remarques deutlich, der von nun an immer stärker hervortreten sollte: »Immer wollte ich mehr sein und scheinen als ich bin«, sagte er selbstkritisch Anfang der 50er Jahre. Schon als 13jähriger war er in Osnabrück ein wenig dandyhaft aufgetreten, nach seiner Verwundung posierte er im »Café Germania« in Osnabrück in Leutnantsuniform mit Reitpeitsche und Schäferhund.

Bereits im Dezember 1924 verließ Remarque Hannover und ging nach Berlin, um als Redakteur für die Illustrierte »Sport im Bild« des Hugenberg-Konzerns zu arbeiten. Die Bandbreite seiner Themen umfaßte Sport und Autos (er liebte schnelle Wagen), Mode und Bücher. Einer seiner Essays trug den Titel »Leitfaden der Decadence. Über das Mixen kostbarer Schnäpse«. 1925 heiratete er Ilse Jutta Zambona. Für ein paar hundert Mark erwarb er den Adelstitel »Freiherr von Buchwald«, mit dem er für kurze Zeit seine Visitenkarte zierte. 1927/28 erschien in »Sport und Bild« sein Fortsetzungsroman »Station am Horizont«.

Ein Fortsetzungsroman mit Folgen

Am 10. November 1928 begann die »Vossische Zeitung« des Ullstein-Konzerns einen Fortsetzungsroman über die Kriegserlebnisse von acht jungen Männern – vier Gymnasiasten und vier Arbeitern – an der Front, im Lazarett, in der Etappe und in der Heimat. Paul Bäumer sieht, wie alle seine Kameraden im Trommelfeuer des Stellungskrieges umkommen und bleibt völlig desillusioniert zurück. Er fällt im Oktober 1918 an einem Tag, von dem der Heeresbericht nur verlauten ließ, es sei »im Westen nichts Neues« geschehen. Am 29. Januar 1929 brachte Ullstein die Buchausgabe heraus und stellte den Autor in einer raffinierten Werbekampagne als vollkommenen Neuling vor (»kein Schriftsteller von Beruf«), der sich den Roman binnen sechs Wochen von der wunden Seele geschrieben habe (eine Legende will, daß Ullstein vor Erscheinen alle Ausgaben der »Traumbude« aufgekauft hatte). Der Roman, geschrieben in einem kargen Berichtston und mit bitterer Resignation, traf exakt das Zeitgefühl einer ganzen Generation, trug Remarque aber den Haß der älteren Generation ein. »Im Westen nichts Neues« wurde das meistverkaufte Buch der Jahre zwischen den Weltkriegen und zum Weltbestseller, dessen Erfolg doch »ein schwer erklärbares Wunder« (Rudolf Walter Leonhardt) blieb.

Ein Anti-Kriegsroman?

Remarque hatte ein Nachkriegs-Buch schreiben wollen über die Probleme junger Menschen zwischen humanitärer Bildung und dem staatlichen Auftrag zu töten. Doch sein Werk wurde als Antikriegs-Roman schlechthin verstanden, von Rechten wie von Linken. Nationalgesinnte Kreise polemisierten gegen Werk und Autor, wo sie konnten. Besonders schwere Störmanöver organisierten die Nationalsozialisten am 4. Dezember 1930 in Berlin anläßlich der deutschen Premiere der Romanverfilmung durch den amerikanischen Regisseur Lewis Milestone. Kurz darauf, noch in der Weimarer Zeit, wurde die öffentliche Vorführung des Films »Im Westen nichts Neues« verboten.

Durch den Roman zu Reichtum gekommen, erwarb Remarque 1931 die »Casa Monte Tabor« in Porto Ronco am Lago Maggiore im Tessin. Am 29. Januar 1933, zwei Tage vor der Machtübernahme der Nazis, floh er Hals über Kopf aus Berlin. In seinem grauen Lancia Dilambda, den er zärtlich »Puma« nannte, erreichte er unbehelligt Porto Ronco. Es war die einzig richtige Entscheidung: Remarque stand auf der schwarzen Liste der neuen Machthaber ganz oben. Am 10. Mai 1933 verfolgte er am Radio, wie die Nazis in Berlin vor einer johlenden Menge auch sein Buch verbrannten - wegen »Verrats an den Soldaten des Weltkriegs«. Remarque, ganz der Zyniker, »lauschte dem Knistern der Flammen - und trank auf die Zukunft«, wie er selbst schrieb. Am 4. Juli 1938 wurde er aus dem Deutschen Reich ausgebürgert (die Ausbürgerung wurde bis zu Remarques Tod nicht widerrufen).

Im Exil

Remarque war in Sicherheit, aber noch ein zweites Mal mußte er vor den Nazis fliehen. Im Sommer 1939 machte er in Antibes mit Marlene Dietrich und deren Tochter Maria Urlaub. Bei Ausbruch des Krieges fuhr er sofort - wiederum in seinem Lancia Dilambda - nach Paris. Per Schiff gelangten die Reisenden nach New York. (Kuriosum am Rande: Remarque mußte den luxuriösen Wagen zurücklassen, der unter dem Schutz des Schweizer Kennzeichens die Wirren des Krieges überstand. 1948

konnte Remarque ihn in Empfang nehmen.)
Auf die Tessiner Jahre folgte die Zeit in den USA, in der Remarque, der Bonvivant und Lebemann, eine beinah öffentlich zu nennende Existenz an der Seite von Marlene Dietrich, Greta Garbo, Lupe Velez und Natascha Paley führte. Es war ein blendendes, rauschhaftes Leben, mit Stars und Berühmtheiten, Luxus und Glamour, schnellen Autos und Alkoholexzessen. Weit davon entfernt, finanzielle Sorgen zu haben, war Remarque wohl der bestsituierte aller Emigranten aus Deutschland. Unter den deutschen Schriftstellern der Emigration fand er nur wenige Freunde. Thomas Mann haßte ihn, Brecht hatte für ihn nur Verachtung übrig. Lediglich der Kreis um Carl Zuckmayer und Franz Werfel hielt zu ihm.
Es hätte nicht viel gefehlt, und Remarque wäre an seinem rauschhaften Leben in New York zerbrochen. Hinter der Fassade des Lebemanns und Dandys gab es einen Mann, der sich für nicht liebenswert hielt, der Angst vor dem Versagen hatte und die innere Leere mit Alkohol zu bekämpfen suchte. Mitten in einem nach außen glanzvollen, erfolgreichen Leben stehend, steckte Remarque in einer tiefen Krise, unter der sein literarisches Schaffen erheblich litt. Seine Abhängigkeit von Marlene Dietrich, von ihm »Puma« genannt, endete in Verzweiflung und Depression. Remarque wuchs innerlich, als er sich die aussichtslose Liebe zu der Diva aus dem Kopf schlug und durch psychologische Beratung die Ursache seiner inneren Leere erkannte. Die Ursache des Lebensgefühls, nicht liebenswert zu sein, lag in seiner Kindheit begründet: Seine Mutter hatte stets den älteren Bruder bevorzugt, der im Alter von fünf Jahren einer tödlichen Krankheit erlag. Die Zurücksetzung hat Remarque seiner Mutter nie verzeihen können.

Neuer Anfang in den USA

Die Rettung kam mit Paulette Goddard. Remarque lernte die erfolgreiche Schauspielerin, Ex-Ehefrau von Charlie Chaplin, im April 1951 in New York kennen. Die Leichtigkeit ihres Wesens, ihre Offenheit und ihre Liebe gaben ihm Halt und Sicherheit und die nötige Ruhe, in der er wieder zum Schreiben finden konnte. Beide schätzten Geld und Luxus, und bereitwillig überhäufte er seine Geliebte mit Geschenken, unter anderem einem überschweren Diamanten-Collier für 250.000 Dollar, das Paulette wegens des Gewichtes immer nur kurze Zeit tragen konnte. Im Jahre 1958 heirateten sie und lebten abwechselnd in Porto Ronco und New York.
Die Beziehung mit Paulette Goddard hatte einen günstigen Einfluß auf Remarque: Die nervöse Unruhe wich von ihm, er schränkte seinen Alkoholkonsum ein und konnte weitaus besser als früher literarisch arbeiten. Die Jahre an der Seite Paulette Goddards waren künstlerisch die fruchtbarste Zeit seines Lebens. War 1945 der Emigrations-Roman »Arc de Triomphe« erschienen, dem erst sieben

Jahre später der KZ-Roman »Der Funke Leben« folgte, so publizierte Remarque 1954 »Zeit zu leben und Zeit zu sterben«, ein Jahr darauf das Drehbuch »Der letzte Akt«, 1956 den Roman »Der schwarze Obelisk. Geschichte einer verspäteten Jugend« sowie das Schauspiel »Die letzte Station«. Weitere Werke sind die Romane »Der Himmel kennt keine Günstlinge« (1961), »Die Nacht von Lissabon« (1961/62), »Das Gelobte Land« (1970) und »Schatten im Paradies« (1971).

Schriftsteller mit mäßigem Erfolg

Mit keinem anderen Werk konnte Remarque auch nur annähernd die Wirkung seines Antikriegs-Romans »Im Westen nichts Neues« wiederholen (wenngleich »Arc de Triomphe« ebenfalls ein Welterfolg wurde). Andererseits hieße es, dem Autor Unrecht anzutun, wollte man sein künstlerisches Schaffen auf dieses Werk einschränken. Remarque hat eine Reihe von Werken vorgelegt, die im Ausland, vor allem in den USA, stark beachtet wurden, überwiegend wohlwollende Kritiken bekamen und sich auch gut verkauften. Viele seiner Werke wurden mit prominenter Besetzung verfilmt. In Deutschland hingegen stießen seine Romane auf eine Mauer der Ablehnung. Werke wie »Der Funke Leben«, »Zeit zu leben und Zeit zu sterben«, »Der schwarze Obelisk« und »Die Nacht von Lissabon« wurden in Deutschland gerade deshalb ablehnend aufgenommen, weil Remarque in ihnen die Zeit des Nationalsozialismus, die Vernichtung der Juden sowie Kriegsepisoden beschrieb. Der Autor galt als Nestbeschmutzer und stieß in Adenauers Deutschland auf eine Mauer der Ablehnung. Als jemandem, der nicht unmittelbar dabeigewesen war, wurde ihm eine Urteilsfähigkeit abgesprochen. Die Argumente haben sich gewandelt, heute neigt die Literaturkritik eher dem Urteil zu, Remarque sei lediglich ein Unterhaltungsschriftsteller. Es wird dabei übersehen, daß Re-

➢ Im Erich Maria Remarque-Friedenszentrum:
»Mein Thema ist der Mensch dieses Jahrhunderts, die Frage der Humanität.«

marque in seinem Werk die typisch deutsche Trennung in Literatur und Unterhaltung aufgehoben hat. Remarque schrieb für ein internationales Publikum.

Remarque in Osnabrück

Wie war Remarques Verhältnis zu Osnabrück? Es war offensichtlich, daß die Verhältnisse in Osnabrück für Remarque zu eng waren. Er mußte aus der engen Provinzstadt ausbrechen, um sein Talent zu entfalten. 1930 fragte er belustigt in einem Brief: »Was passiert schon in Osnabrück? Gestern war Schützenfest – das bedeutendste Ereignis der Saison.« Obwohl 1933 auch in Osnabrück sein großer Roman verbrannt wurde, war er seiner Heimatstadt in keiner Weise gram. Was in Osnabrück geschah, war für ihn typisch für das ganze Land.

Dreimal hat Remarque seine Heimatstadt nach dem Ende des Zweiten Weltkriegs besucht. Im Juli 1952, bei einem Besuch seines Vaters in Bad Rothenfelde, kam er für einige Stunden nach Osnabrück, zum ersten Mal nach 20 Jahren. Im Juli 1953 war Remarque erneut in Bad Rothenfelde, er sah seinen Vater zum letzten Mal. Auch bei dieser Gelegenheit kam Remarque für einen kurzen Besuch in seine Heimatstadt. Im Juni 1954, aus Anlaß des Begräbnisses seines Vaters in Bad Rothenfelde, sah Remarque zum letzten Mal Osnabrück. In seinem Tagebuch notierte er: »Ging durch die Straßen. Mond wieder da. Sah nach Hakenstraße, Süsterstraße. Etwas beendet. Ganz.« Und doch hing Remarque ein wenig an Osnabrück. 1957 schrieb er an seinen alten Freund Hanns-Gerd Rabe: »Die Stadt liegt mir am Herzen genau wie Dir.«

Auf den Spuren Remarques

Es gibt nur wenige Stätten und Orte in Osnabrück, die eng mit dem Leben Remarques verbunden sind. Das Haus Hakenstraße 3, in dem die Familie – als Ausnahme – längere Zeit gelebt hat, existiert nicht mehr, das Haus Liebigstraße 31 mit der Wohnung Fritz Hörstemeiers, wo sich die Freunde des »Traumbudenkreises« unter dem Dach trafen, ist zwar erhalten, im Inneren jedoch vollkommen erneuert. In Remarques Werken taucht Osnabrück dagegen oft auf, erwähnt als Mellern, Werden oder Werdenbrück. Kenner der Stadt können in manchen Beschreibungen einzelne Straßenzüge wiedererkennen, doch die Übereinstimmung bricht mitunter abrupt ab. Remarque hat die großen Osnabrücker Kirchen oft erwähnt und beschrieben, ebenso die Gegend um den Dom mit der Hase, dem Herrenteichswall und der Pernickelmühle. Die Romane »Die Traumbude« (1920) und »Der Weg zurück« (1931) spielen vollständig in Osnabrück, in »Zeit zu leben und Zeit zu sterben« (1954) haben einige Szenen Osnabrück als Hintergrund. In »Der schwarze Obelisk« (1956), dem »biographischsten Roman Remarques« (Wilhelm von Sternburg), ließ er seinen Helden Ludwig Bodmer in der Klosterkirche am Gertrudenberg die Orgel spielen, auf der auch der Autor in jungen Jahren selbst übte, einige Ereignisse des Romans spielen in der Gaststube des Hotels »Walhalla«. In dem Roman »Die Nacht von Lissabon«, einem Spätwerk von 1962, wird die Stadt Osnabrück sogar als solche erwähnt: Josef Schwarz, der mit Remarque mehr als nur das Geburtsdatum gemein hat, kehrt nach jahrelangem Exil heimlich in seine Heimatstadt Osnabrück zurück, um seine Frau zu besuchen. Entsetzt sieht er die Zerstörungen des Bombenkrieges und wird Zeuge der Verhaftung eines Juden durch SS-Männer.

Remarque ging es nicht um eine exakte Beschreibung Osnabrücks, Heimweh nach seiner Heimatstadt war ihm fremd, Sentimentalität verhaßt. Remarque liebte New York, was konnte ihm da Osnabrück bieten. Osnabrück war für ihn eine typische, eine durchschnittliche deutsche Stadt, wie sie stellvertretend für viele andere stand. Was in Osnabrück passierte, das geschah während des Nationalsozialismus so oder ähnlich im ganzen Lande.

Die Stadt Osnabrück hat sich, wohl aus Unsicherheit und Ratlosigkeit, mit dem großen Schriftsteller sehr schwer getan. Als Remarque im Dezember 1963 die Justus-Möser-Medaille angetragen wurde, wollte der Oberbürgermeister zunächst jede Nachricht darüber unterdrücken - bis der Autor die Ehrung angenommen hätte. Elf Mann, darunter »Oberbürgermeister Kelch, Stadtdirektor Vosskühler, fünf Senatoren u. Ratsherren, ein Photograph, ein Rundfunkmann, ein Reporter, Hanns-Gerd-Rabe als Reporter«, rückten im November 1964 in Porto Ronco an, wie der schwerkranke Remarque akribisch in seinem Tagebuch vermerkte, um die Auszeichnung zu überreichen. »Gab ihnen Gänseleber, Lachs und Champagner«, notierte er lakonisch über die Begegnung. Nur wenige Jahre blieben ihm noch, in denen er einige Werke abschließen konnte. Am 25. September 1970 starb Remarque in Locarno an Herzversagen. Paulette Goddard überlebte ihren Mann um 20 Jahre.

Mit der Annahme der Justus-Möser-Medaille war für Osnabrück der Bann gebrochen. Im Dezember 1968 benannte der Rat der Stadt Osnabrück eine Straße nach Elfriede Scholz, der Schwester Remarques, die 25 Jahre zuvor wegen »Wehrkraftzersetzung« in Berlin-Plötzensee hingerichtet worden war. Nach jahrelangen Auseinandersetzungen konnte im September 1975 eine Osnabrücker Straße in »E.-M.-Remarque-Ring« umbenannt werden. 1989 wurde das Erich Maria Remarque-Archiv gegründet, das u. a. im Besitz der Totenmaske Remarques ist und dem im April 1996 als Dauerleihgabe das Original-Manuskript von »Im Westen nichts Neues« übergeben wurde. Aufgrund der reichen Bestände an Manuskripten, Briefen, frühen Buchausgaben und anderen Dokumenten ist das Erich Maria Remarque-Archiv die bedeutendste Forschungsstätte zu Leben und Werk des Schriftstellers. Ferner wurde eine Erich Maria Remarque-Gesellschaft gegründet, 1996 eine ständige Erich Maria Remarque-Ausstellung geschaffen. Ein Erich Maria Remarque-Friedenspreis wurde ins Leben gerufen, der an Lew Kopelew (1991), Hans Magnus Enzensberger (1993), Uri Avnery (1995) und Ludvik Vaculik (1997) verliehen wurde. Osnabrück hat in den letzten zwanzig Jahren das Versäumte nach Kräften nachgeholt und beeindruckende Ergebnisse erzielt. Wer heute in Europa über Remarque forscht, der muß nach Osnabrück reisen.

- Erich Maria Remarque-Friedenszentrum Osnabrück, Markt 6–7, Tel. 0541-323-2109, Öffnungszeiten: Di–Fr 10–13, 15–17 Uhr, Sa, So 11–17 Uhr, www.remarque.uos.de

➢ Folgende Doppelseite: Im Osnabrücker Zoo

Die Hase-Ems-Tour

Die Hase gehört zu Osnabrück wie der Dom und die Marktkirche. An der Furt durch die Hase ließ Karl, der seinerzeit noch nicht »der Große« genannt wurde, einen Königshof anlegen, den er kurz darauf zum Sitz des neuen Bistums erklärte. An der Hase erlitten viele Frauen ein Martyrium, die als Hexen angeklagt wurden und dort einem Gottesurteil unterworfen wurden. Am Flußlauf gab es aber auch einen Müller, der nicht wenige der Hexerei angeklagte Frauen vor den Häschern des Rats versteckte. Kurzum, die Hase ist so etwas wie der Schicksalsfluß Osnabrücks.

Vor einiger Zeit wurde die Hase-Ems-Tour eingerichtet – ein 265 km langer Radweg, der die Hase von der Quelle am Nordhang des 307 Meter hohen Hankenüll im Teutoburger Wald bis zur Mündung in die Ems bei Meppen begleitet. Das Osnabrücker Stadtgebiet meidet dieser Fernradweg, obwohl gerade am Herrenteichswall mit Blick auf den Dom die wohl schönste Strecke der Hase verläuft. Eine reizvolle, wenngleich recht eigenwillige Strecke mit herbem Charme führt durch den Osnabrükker Hafen. Von der Nette in Haste kommend (nördlich der Vehrter Landstraße), folgt der Radweg eine kurze Strecke auf der Römereschstraße und biegt rechts in die Elbestraße (Hafen) ein, die parallel zum

➢ Museum Industriekultur am Piesberg, hier das Magazin

Stichkanal verläuft. Am Schleusenweg kommt man über den Kanal und kann auf der Brückenstraße das Nordufer der Hase erreichen. Am Wassersportzentrum sollte man sich entscheiden: Weiter auf angenehmer Wegstrecke am Stichkanal entlang - oder auf dem Süberweg hoch zu dem Museum Industriekultur am Piesberg.
Die Streckenführungen der **Hase-Ems-Tour** sind ausgeschildert und tragen ein stilisiertes Fahrrad mit grünblauen Rädern als Zeichen.

Der Piesberg

Bereits einige Jahrhunderte vor der Zeitenwende wurde am Piesberg Eisen gewonnen, wie die Funde eines Schmelzofens und einiger Schlackehalden gezeigt haben. Seit dem 16. Jh. förderte man am Piesberg Steinkohle, bis heute wird dort im größten Hartsteinbruch Europas Quarzit abgebaut.
Jede Zeit hat dort ihre Spuren hinterlassen, was einen Spaziergang am Berg besonders reizvoll macht. Naturfreunde suchen in den Abraumhalden nach fossilen Resten des Urwaldes aus dem 300 Millionen Jahre zurückliegenden Karbon, u. a. Versteinerungen von Farnen, Schachtelhalmen oder der Rinde von Urwaldbäumen. Andere wollen die historischen Gebäude aus der Zeit des Bergbaus besichtigen, die den Abbau der Steinkohle und soziale und kulturelle Aspekte des Lebens der Kumpel dokumentieren. Wer den Süberweg oder die Glückaufstraße hinaufgeht, erreicht zuerst das **Piesberger Gesellschaftshaus**, Mittelpunkt des kulturellen Lebens der Kumpel. Im Jahre 1871 als Gaststätte errichtet, wurde das Anwesen 1896 durch einen Festsaal erweitert. Zwei Jahre darauf gab's nichts mehr zu feiern: Die Piesberger Kohle wurde dichtgemacht. Zuviele Streiks, zu nasse Kohle und der gefährliche Abbau machten das schwarze Gold aus Piesberg zunehmend unrentabel. Danach begann die Zeit der Quarzit-Gewinnung. Der Steinbruch ist nicht zu besichtigen, allerdings kann man bei einem Spaziergang Einblicke gewinnen.
Ein Stück weiter am Süberweg liegt das **Magazin**, 1893 als »Kaue« (Badehaus) der Bergleute errichtet. Dort finden Wechselausstellungen statt. Ganz in der Nähe stehen noch die Bergschmiede, die Kohlenwäsche und der Pferdestall. Auf den Gleisen unterhalb der Bauten am Süberweg stehen alte Lokomotiven, die einmal im Jahr zum Osnabrücker Bergfest Anfang September verkehren.
Zum **Haseschachtgebäude** oben am Piesberg kommt man am besten auf dem Schwarzen Weg, vorbei am Brechwerk des Steinbruchs, dessen Gelände man auf keinen Fall betreten sollte. An der Glückaufstraße angekommen, erreicht man nach zehn Minuten das ehemalige Maschinenhaus von 1871. Drei Dauerausstellungen werden dort angeboten: »Steinkohlebergbau«, »Mythos Dampf« und »Frühe Fabriken«. Sie veranschaulichen die Entwicklung Osnabrücks von der Ackerbürgerstadt zur modernen Industriestadt. Im Zweiten Welt-

➢ Das Museum Industriekultur ist im 1871 errichteten Haseschachtgebäude untergebracht

krieg vegetierten hier in Baracken russische, polnische und französische Kriegsgefangene, die im nahen Steinbruch arbeiten mußten. Ein gläserner Fahrstuhl führt 30 Meter tief zu einem alten, wieder freigelegten Bergwerksstollen, den Besucher auf 300 Meter Länge begehen können. Es werden wechselnde Ausstellungen organisiert, und eine Cafeteria ist auch vorhanden.

Museum Industriekultur Haseschachtgebäude
Fürstenauer Weg 171 (49090), Tel. 0541-122447; Öffnungszeiten: Mi–So 10–18 Uhr, Führung So 14.30 Uhr. www.industriekultur-museumos.de

Piesberger Gesellschaftshaus, Glückaufstr. 1 (49090), Tel. 0541-1208888; Öffnungszeiten: nach Anmeldung. www.piesberger-gesellschaftshaus.de

Osnabrücker Dampflokfreunde e.V.
Kontakt: Albert Merseburger, Am Friedhof 6, 49477 Ibbenbüren, Tel. 05451-13162, Michael Becker, Rotdornweg 30, 49479 Ibbenbüren, Tel. 05451-504870, www.osnabruecker-dampflokfreunde.de

Westerberg und Botanischer Garten

Jeder der fünf Berge Osnabrücks hat seinen eigenen Charakter. Unter dem Westerberg, der so nah an der Altstadt liegt, hatte Osnabrück gelegentlich zu leiden: Von dort konnten Belagerer die Stadt einsehen und einzelne Bauten mit ihren Kanonen sogar zielgenau unter Beschuß nehmen. So geschehen 1633, als die Schweden Osnabrück belagerten. Sie arbeiteten sich, durch Laufgräben geschützt, bis dicht an die westlichen Befestigungsanlagen heran. Im Zweiten

➢ Im Botanischen Garten

Weltkrieg trieb man Stollen in den Berg, in denen die Zivilbevölkerung Schutz finden konnte.
Der Westerberg besteht aus Kalk, dessen Steine mit ihren unregelmäßigen Streifen jahrhundertelang für die gröberen Bauten Osnabrücks verwendet wurden. In der weiten Mulde des ehemaligen Steinbruchs wurde der Botanische Garten angesiedelt, der Teil der Universität Osnabrück ist. Die aufgeschlossenen Kalkwände des ehemaligen Steinbruchs bilden einen ausgesprochen reizvollen Hintergrund für die Bäume, Sträucher und Pflanzen des Gartens, dessen Besuch an einem langen Sommerabend sehr zu empfehlen ist, wenn die untergehende Sonne die Kalkwände nicht mehr gar so stark erwärmt. Das große Pflanzenschauhaus ist eine Welt für sich, die man am besten bei einer der sonntäglichen Führungen kennenlernt.
Zum Anmarsch empfiehlt sich der schöne Fußweg vom Heger Tor durch die Lürmannstraße, am ehemaligen Standort einiger Mühlen an der Bergstraße vorbei.

Botanischer Garten
Albrechtstr. 29 (Westerberg), Tel. 0541-9692739, Öffnungszeiten: April–Sept. Mo–Fr 8–20 Uhr, Sa 14–20 Uhr, So 10–20 Uhr, in den übrigen Monaten bis 16 Uhr, Sa geschl.
Tropenhaus
Öffnungszeiten: April–Sept. Mo, Di, Do 10–12, 13.30–18 Uhr, Sa 15–18 Uhr, So 11–18 Uhr, in den übrigen Monaten Mo, Di, Do 10–12, 13.30–15.30 Uhr, So 11–15.30 Uhr. www.biologie.uni-osnabrueck.de/bogos/

Der Schölerberg

Der Tiergarten und das Naturkundemuseum machen den Schölerberg im Süden Osnabrücks vor allem für Familien mit Kindern interessant. In den 80er Jahren umgebaut und erweitert, verfügt der **Zoo Osnabrück** heute u. a. neben einer Tropenhalle, einer Pinguin- und einer Nashornanlage, dem Aquarium und dem Löwengehege über ein Areal für Wölfe und afrikanische Wildhunde, außerdem über Anlagen für Orang Utans, Gibbons und Schimpansen - und einen Spielzoo, der sich größter Beliebtheit erfreut. Vor kurzem wurden die Anlagen für Stachelschweine und die Lisztäffchen fertiggestellt. Der Umbau wird auch in nächster Zeit weitergehen, u. a. sollen die Elefanten ein neues Haus erhalten, und ab Sommer 1999 kann man im Afrikapanorama verschiedene Tierarten in einem der afrikanischen Steppe nachempfundenen Gehege bewundern. Am beliebtesten bei Kindern war und ist weiterhin das Schaufüttern der Seelöwen, jeden Vormittag um 11 Uhr und am Nachmittag um 16 Uhr (nur freitags haben die Tiere »Fastentag«). Auch die Zooschule mit dem Kindergeburtstagsprogramm (Voranmeldung: Tel. 0541-951050) ist sehr gut besucht.

➢ Im Zoo

➢ Rechte Seite: Galerie-Holländermühle bei Badbergen

Das benachbarte **Museum am Schölerberg – Natur und Umwelt** mit dem Planetarium vermittelt anhand zahlreicher Exponate die Zusammenhänge von Mensch und Natur am Beispiel des Osnabrücker Berglandes. Zu sehen sind u. a. ein Bauerngarten, die verschiedenen Typen von Kulturlandschaften, die Waldarten, Fluß- und Seenlandschaft - und als große Attraktion ein paar Quadratmeter lebendes Hochmoor in einer Klimavitrine. Schwerpunkt sind Erdgeschichte, Biologie, Mineralogie und Astronomie. Außerhalb des Museums sind Teiche, ein Garten und ein Ökohaus zu besichtigen. Das 1986 eröffnete **Planetarium** demonstriert den Sternenhimmel mit multimedialer Technik, an klaren Winterabenden besteht die Möglichkeit der Erkundung des Sternenhimmels durch ein Fernrohr.

- **Zoo Osnabrück**
  Klaus-Strick-Weg 12, Tel. 0541-951050, Öffnungszeiten: April–Okt. tägl. 8–18.30 Uhr, im Winter tägl. 9 Uhr bis 17 Uhr. www.zoo-osnabrueck.de

- **Museum am Schölerberg**
  Natur und Umwelt – Planetarium, Am Schölerberg 8, Tel. 0541-560030; Öffnungszeiten: **Museum:** Di 9–20 Uhr, Mi–Fr 9–18 Uhr, Sa 14–18 Uhr, So 10–18 Uhr, www.museum-am-schoelerberg.de/
  Planetarium: Vorführungen Di 16 u. 19.30 Uhr, Mi 15 Uhr, So 15, 16 u. 19 Uhr. www.planetarium-osnabrueck.de

Das
Osnabrücker
Land

Die Landschaft Osnabrücker Land

Man hat sie »Drachenkämme« genannt, die schmalen, langgestreckten, von Nordwest nach Südost verlaufenden Höhenzüge des Teutoburger Waldes und des Wiehengebirges. Ein sprechender Name, sind doch die Gebirge im Laufe von Jahrmillionen durch zahlreiche Bäche und Flüsse tief eingekerbt worden, so daß der Eindruck eines Drachenrückens entstand.

Vor über 65 Millionen Jahren sah das Terrain ganz anders aus. Damals erstreckte sich in diesem Gebiet ein tropisches Wattenmeer, in dessen Schlamm Dinosaurier auf der Suche nach Nahrung oder einem sicheren Rastplatz umherwanderten. Das Meer überschwemmte den Urwald, lagerte große Mengen von Kalk ab, es entstand neues Land, das durch Druck stark verfestigte und zu Gestein wurde. Die Urwälder wurden dabei im Laufe von Millionen Jahren durch Hitze und Druck zu Kohleflözen. Vor rund 60 Millionen Jahren kam Bewegung in das Land: Die Erdkruste schob sich zusammen, das Gestein wölbte sich zu einem von Nordwest nach Südost verlaufenden Sattel, der in sich zusammenfiel und die 100 Kilometer lange Osning-Spalte bildete. Danach schob sich der nördliche Rest des Sattels über den südlichen, wobei die geologischen Formationen in ein chaotisches Durcheinander gerieten. Gesteinsschichten aus den Erdzeitaltern Kreide, Jura, Trias und vereinzelt Perm wurden überlagert, aufgerichtet, kippten um, es kam zu Querbrüchen.

Die weichen Gesteine wurden zu Tälern ausgewaschen oder durch Bachläufe zu sogenannten Dören tief eingeschnitten, harte Gesteine blieben stehen, wodurch sich die »Drachenkämme« herausbildeten. Kurzum, die geologischen Verhältnisse des Teutoburger Waldes sind sehr komplex, Generationen von Geologen haben sich an ihnen geschult.

Der Höhenzug hatte früher viele verschiedene Namen, unter denen Osning – für den nordwestlichen Teil – nur einer ist. Erst nachdem eine Abschrift der »Annalen« des Tacitus 1507/08 wiederentdeckt worden war, in denen der römische Geschichtsschreiber den Ort der Varusschlacht als »nicht weit vom Teutoburger Wald« (haud procul Teutoburgiensi saltu) angegeben hatte, setzte sich der gemeinsame Name »Teutoburger Wald« durch.

Das Wiehengebirge, das sich nördlich parallel zum Teutoburger Wald hinzieht, hat eine ähnliche Entwicklung mitgemacht, die allerdings nicht so extrem

verlief. Zwischen beiden Höhenzügen erstreckt sich eine hügelreiche Senke, in der die Stadt Osnabrück liegt. Beide Mittelgebirgsketten sind weit in das Norddeutsche Tiefland vorgeschoben. Dort liegt die Geest, die landwirtschaftlich wenig ergiebig war und deren zahlreiche Moore erst trockengelegt werden mußten. Hier kamen die Gletscher der Saale-Eiszeit zum Stillstand und hinterließen flachwellige Grundmoränen sowie hügelige Endmoränen. Die Ankumer Höhe (nördlich und östlich von Fürstenau) und die Dammer Berge (nördlich von Damme) sind Endmoränen, die wie ein Winkel jenes Gebiet begrenzen, in dem der aus Norden vordringende Gletscher zum Stillstand kam. Die Hase entwässerte das Gletschergebiet damals in südlicher Richtung. Heute fließt die Hase, umgekehrt zur damaligen Richtung, gemächlich nach Norden, zwischen der Ankumer Höhe und den Dammer Bergen hindurch, und wird bei Quakenbrück durch den Hümmling nach Westen zur Ems umgelenkt. In frühhistorischer Zeit muß das Gebiet, besonders die Ankumer Höhe, dicht besiedelt gewesen sein, worauf eine ungewöhnlich hohe Zahl von Großsteingräbern schließen läßt.

Die karge Geest im nördlichen Teil des Osnabrücker Landes bedingte andere Formen der Landwirtschaft (Eschkultur) als im Süden, was Folgen hatte für den Bau der Höfe und die Anlage der Dörfer. Noch heute ist der Unterschied des dünn besiedelten ehemaligen Nordlandes, also des Nordens des Osnabrücker Landes, zum Süden und Osten deutlich spürbar.

- Über die geologische Entstehung und die frühen Kulturen des Osnabrücker Landes informiert sehr anschaulich das Naturparkzentrum im Museum am Schölerberg in Osnabrück
Am Schölerberg 8 (49082)
Tel. 0541-56003-0
Öffnungszeiten: Di 9–20 Uhr, Mi–Fr 9–18 Uhr, Sa 14–18 Uhr, So 10–18 Uhr

➢ Das Naturparkzentrum am Schölerberg informiert auch über das Osnabrücker Land

Das Osnabrücker Land, das sich heute aus drei Alt-Kreisen zusammensetzt, stimmt in seinen Grenzen mehr oder weniger mit dem alten Fürstbistum Osnabrück überein. Konfessionell ungefähr ausgeglichen, setzt es sich stark vom katholisch geprägten Münsterland ab. Das ehemalige Nordland hat sogar noch einen deutlich höheren protestantischen Anteil.

Das Osnabrücker Land ist historisch Teil Ostwestfalens, was nicht nur der Dialekt erkennen läßt. Verwaltungsrechtlich aber gehört das Land zu Niedersachsen. Doch wer sich die Karte näher ansieht wird leicht feststellen, wie fern Hannover liegt.

Tour nach Bramsche und Kalkriese

Die folgende Tour führt in den Norden des Osnabrücker Landes, nach Bramsche und Kalkriese. Die Strecke ist für Autofahrer beschrieben, eignet sich aber auch für Radwanderer. Man radelt dabei auf den ausgeschilderten Wegen der **Hase-Ems-Tour**, deren Zeichen ein stilisiertes Fahrrad mit grünblauen Rädern ist. Anschluß an den Radweg findet man in Osnabrück in Gartlage auf der Straße Am Bahndamm, An der Nette in Haste (nördlich der Vehrter Landstraße) oder auf der Elbestraße (Hafen) in Richtung Norden, parallel zum Stichkanal, dem Zubringer zum Mittellandkanal. Die wichtigste Station dieser Tour ist Bramsche mit dem Tuchmacher-Museum. Unterwegs gibt es einige Gelegenheiten für Abstecher, insbesondere von Bramsche zum Ort der Varusschlacht nach Kalkriese, der mit dem Fahrrad aber nur auf der Bundesstraße zu erreichen ist.

Mit dem PKW fährt man in **Osnabrück** vom Vitihof im Norden der Altstadt auf der B 68, dem »Autobahnzubringer«, Richtung Bramsche. Unterwegs bleibt Zeit, sich einmal der **Hase** zu widmen, dem wichtigsten Fluß des Osnabrücker Landes. Sie entspringt im Südosten des Osnabrücker Landes, am Nordhang des 307 Meter hohen Hankenüll im Teutoburger Wald, 160 Meter über Normalnull. 170 Kilometer Wegstrecke bei über 140 Metern Gefälle legt sie zurück, um bei Meppen in die Ems zu münden. Man sagt, das Wasser der Hase brauche sechs Tage dafür, was den Fluß als ausgesprochen träge ausweist. Daher die zahlreichen Mäander, die vor allem im Oberlauf zu finden sind. Doch die Überschwemmungen der Hase waren tückisch, manche Ortschaften stellten sogar Wächter ein, die rechtzeitig vor dem Hochwasser warnen sollten. Überall am Flußlauf wurde die Wasserkraft durch Mühlen genutzt, vor allem in Osnabrück, aber auch von den Tuchmachern in Bramsche.

Bramsche liegt am Nordrand des Wiehengebirges am Schnittpunkt wichtiger Verkehrswege. Eine Siedlung wurde **1097** erstmals urkundlich erwähnt, ist aber vielleicht doch sächsischen Ursprungs (also älter), worauf der Name Bramezche hindeutet, was soviel wie »vom Ginster umstandener Esch« bedeutet. Etwas lokalpatriotische Heimatforscher meinen sogar, daß ganz in der Nähe, auf dem Wittenfeld im nördlich gelegenen Ortsteil Rieste, im Jahre 783 die Schlacht an der Hase stattgefunden haben soll, in der Karl der Große die Sachsen entscheidend schlug.

Bramsche trat im 13. Jh. deutlicher hervor: Es gab einen Meierhof, von dem die übrigen Höfe abhängig waren, und ein fürstbischöfliches Gohgericht. Damals wurde die Kir-

Tuchherstellung in Bramsche

Das **Tuchmacher Museum Bramsche** ist einzigartig in Deutschland, zeigt es doch die Verarbeitung von Wolle vom Anfang bis zum Endprodukt und vermittelt Einblicke in die Kunst des Tuchwebens und der Färberei. Das Museum liegt am Mühlenort im Südosten des alten Dorfkerns, wo 400 Jahre gewebt, gewalkt und gefärbt wurde. Wenn man weiß, daß es im Osnabrücker Land vier Tuchmachergilden gab, die Bramscher Gilde aber am längsten Bestand hatte, wird man sich fragen, warum ausgerechnet hier ein so bedeutendes Zentrum dieses Gewerbes war?

Gegen Ende des 16. Jh. bildete sich in Bramsche eine Tuchmachergilde, die erste Handwerkergilde. Am Mühlenort an der Hase, wo zeitweilig sechs Mühlräder arbeiteten, ließen sich auch die Tuchmacher nieder. Gestautes Wasser war potentielle Energie, mit der man Korn mahlen, Flachs brechen, Holz sägen, aber auch Tuche walken konnte.

Die Bramscher Tuchmacher stellten überwiegend einfache, preiswerte Wollstoffe für die kleinen Leute her, ihre Waren boten sie nur im Umkreis von rund hundert Kilometern an. Ihr Können war gleichwohl groß, und Justus Mösers Wort über die Bramscher, »die Leute sind Goldarbeiter, aber sie haben nur Messing«, wird seine Berechtigung gehabt haben. Aber die Bramscher Tuchmacher stellten gute Farben her, bekannt wurde vor allem ein heller Rotton. Das leuchtende Feuerrot wurde im 18. Jh. vom ersten

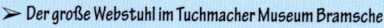

➢ Der große Webstuhl im Tuchmacher Museum Bramsche

➢ Bramscher Rot

Bramscher Schönfärber Wolff entwickelt, der das Rezept natürlich geheimhielt. Man benötigte zum Färben Weinstein, Kreide, Krapp (eine Wurzel), Alaun und Weizenstärke. Doch man brauchte auch die richtigen Behältnisse. Das Scharlachrot erzielte man nämlich nur in Zinnkesseln. Nahm man Kupferkessel, wurde ein Rotgelb daraus, mit Eisenkesseln gar ein Rotbraun. Die Bramscher schickten ihre leuchtendroten Farbproben nach Hannover und London und bekamen Armeeaufträge für die Herstellung von Uniformstoffen. Das Geschäft lief gut - bis sich in der hannöverschen Armee 1837 das Preußisch-Blau durchsetzte.

Das Museum

Beim Eintritt in das Museum bemerkt man linker Hand die Spinnerei, ein Fabrikgebäude von 1869. Das Wort »Fabrik« ist nicht ganz korrekt, denn Tuchfabriken gab es in Bramsche nur wenige. Es war das Fertigungsgebäude der Tuchmacher-Innung. Wer von den Meistern gerade Aufträge hatte, der arbeitete eine Zeitlang an den Maschinen - bis der nächste Meister mit seiner Arbeit an der Reihe war. Die Maschinen kamen aus Sachsen, dem damals führenden Exporteur für moderne Textilmaschinen. Tragisch an der Sache war: Die Tuchmacher von Bramsche hinkten der technischen Entwicklung hinterher, sie bestellten die modernen Maschinen recht spät. Außerdem war längst die Zeit des Fabrikeigentümers angebrochen, der mit Lohnabhängigen, Arbeitsteilung und modernen Maschinen wesentlich billiger produzieren konnte. Dagegen waren die Bramscher Tuchmacher, was die Organisation der Arbeit anbetrifft, noch mittelalterlich. Insofern ist es ein Wunder, daß sich die Tuchmacherinnung bis 1972 halten konnte.

Das Tuchmacher Museum Bramsche ist in mehrfacher Weise höchst bemerkenswert, zeigt es doch den Übergang vom Handwerk zur industriellen Herstellung. Da stehen frühindustrielle Webstühle neben solchen der Hochindustrialisierung. Man kann die gesamte Tuchherstellung vom Reißwolf bis zum Walken verfolgen. Und dazwischen laufen Meister in blauen Kitteln herum, die ihr Handwerk aus dem Effeff beherrschen und auch mal die Spinnkrempel anwerfen und den Jacquard-Webstuhl reparieren können.

Das große, fabrikähnliche Innungsgebäude zeigt im Erdgeschoß Geräte vom Ende des 19. Jh. Der Produktionsprozeß beginnt mit dem **Wolf** oder **Mischwolf**, in dem die gewaschene und entfettete Wolle gelokkert wird. Die Flocken wandern nacheinander in die **Reißkrempel**, die **Pelzkrempel** und die **Spinnkrempel**, wo die wirren Fasern der Wollflocken in eine Richtung gebracht werden. Da ein Wollfaden in dieser Phase reißen würde, werden die Fäden auf den Ausziehbahnen des **Selfaktors** gedreht, verzogen und auf Dutzende Spindeln gewickelt. Das Ergebnis ist »Streichgarn« – und kein »Kammgarn«, wie im Museum immer wieder betont wird.

In einem benachbarten Raum erwartet den Besucher ein Webstuhl, der nichts mehr gemein hat mit dem Gerät, das noch im 18. Jh. für viele Weber als Heimarbeitsplatz diente. Der hier ausgestellte **Jacquard-Webstuhl** ist drei Meter hoch, drei Meter breit, ein Gewirr von Stangen, Bügeln, Fäden, Hebeln und Armen. Oben erkennt man die Reihe der Lochkarten für das Webmuster. Dann stellt der Maschinenmeister das Gerät an. In einem einzigen Moment kommt die gesamte Maschine in rasende Bewegung: Ein Rasseln und Krachen, ein Zappeln und Rattern, ein Auf und Ab, Hin und Her, Vor und Zurück – so schnell, daß man mit dem Auge kaum folgen kann. Mit einem ohrenbetäubenden Zischen schießt ein wuchtiger Kolben mit dem Webfaden pfeilschnell zwischen den Kettfäden hindurch, hin und her. Was beim Webstuhl der Bauern noch »Schiffchen« hieß, wird hier »Schütze« genannt. Allein um die zahllosen Kettfäden für ein neues Webmuster aufzuhängen, waren zwei Arbeitskräfte eineinhalb Tage beschäftigt. Schnell begreift man, daß kein Mensch mit den eigenen Händen mit dieser Maschine konkurrieren konnte. Die Maschine wurde 1804 von dem Franzosen Jacquard erfunden und kam 1815 zum Patent. Kein Wunder, daß die Weber gegen die neue Erfindung Sturm liefen und die Maschinen mit Hämmern traktierten und zerstörten. Doch die Maschinenstürmer konnten die neue Entwicklung nicht mehr aufhalten. Innerhalb weniger Jahrzehnte war der Beruf des Handwebers verschwunden, der Webstuhl war zum Motor der Industrialisierung geworden.

Im Stockwerk darüber findet der Besucher die frühindustrielle Weberei. Die Maschinen sind nur teilweise Originale, andere wurden alten Modellen nachgebaut. Man sieht einen alten Webstuhl für 80 Zentimeter Tuchbreite, was ein einzelner Meister bewältigen konnte. Bemerkenswert der über einen Lederriemen gesteuerte »Schütze«. **Breittuchwebstühle** hatten hier erst ab 1833 einen »Schnellschützen«. Zuvor war ein Webstuhl nur von zwei Arbeitskräften nebeneinander zu bedienen. Ein gut eingespieltes Team war dafür erforderlich, weshalb die Tuchmachermeister regelmäßig Eingaben an die Regierung schrieben, man möge ihre Söhne vom Militärdienst verschonen. Fünf bis acht Frauen stellten das Garn für einen einzigen dieser Webstühle her.

In einem kleinen Raum findet man einige **Figuren**, die Tuchmachermeister von Bramsche darstellen. Da gibt es die Altmeisterin Gesche Thöle, die aus Bremen einheiratete und im Mühlenort 21 wohnte, den

Gesellen Johann Heinrich Reffelt aus Mühlenort 2, der lange um den Meistertitel kämpfen mußte, den Lehrling Hermann Thöle aus Haus 17 und seinen Nachbarn, den Unternehmer Arnold Surendorff-Wonning aus der 18, der am Stadtrand eine Fabrik baute. Nicht zu vergessen Dorothea Langefeld, geborene Wiemann, die bis 1960 das Handwerk betrieb. Das Museum bereitet eine Schrift über das Leben dieser Tuchmachermeister vor.

Die Walkerei

Unmittelbar an der alten Hase stößt man auf die Walkerei. Das Walken war »das Stiefkind der Tuchmacherei«, denn es war eine körperlich schwere Arbeit, die sehr verantwortungsvoll war und viel Geschick erforderte. Beim Walken wird das Rohgewebe im feuchten Zustand mit viel Druck verdichtet (verfilzt). Dazu sind Wasser, Soda oder Seife, Wärme und Reibung notwendig. In Urzeiten mußte man das Gewebe kneten und stampfen, im 12. Jh. kam die Walkmühle mit Nockenwelle auf. Dabei drücken durch die Nockenwelle angetriebene Hämmer bis zu 120 Mal in der Minute auf das Gewebe. Der ganze Prozeß dauert zwischen zwei und dreißig Stunden und strapaziert den Stoff erheblich. Ab 1850 gab es Zylinderwalken, die schonender arbeiteten. Walker mußten eventuelle Fehler ausgleichen, sie konnten »Breite« oder »Länge« der Stoffbahnen »wegwalken«. Jeder hatte seine Geheimrezepte – und seine Lieferanten. Denn für das Walken brauchte man Urin, der nach zwei Wochen faulte und Ammoniak ergab. Bis Ende des 19. Jh. sammelte man in Bramsche den Urin, am besten den von fetten Männern, die sich von Bier und fettem Fleisch ernährten, wie ein Schild etwas schonungslos verkündet. 1972 schloß die Tuchmacherinnung ihren Betrieb, die Hase wurde 200 Meter verlegt, der vielen Überschwemmungen wegen. Was blieb, sind die Gebäude, die Maschinen, das Know-how und die Atmosphäre. Und es stehen die alten Häuser der Tuchweber am Mühlenort. Übrigens existiert die Innung bis heute. Die Meister treffen sich am traditionellen Rechnungstag, dem Krogtag, am Montag nach Pfingsten.

Aufgrund der starren Organisationsform als Meisterverband und der Kapitalknappheit konnten die Bramscher Tuchmachermeister nicht überleben, sie hinkten der Zeit ohnehin immer hinterher. Dadurch blieben aber auch die historischen Gebäude aus der Mitte des 18. Jh. bzw. vom Anfang des 19. Jh. erhalten, z.B. die ehemalige Kornmühle, die Müllerwohnung, die Ställe, die alte Boke- und Lohmühle. Auch das Kesselhaus für die Lokomobile existiert noch.

Tuchmacher Museum Bramsche, Mühlenort 6, 49565 Bramsche, Tel. 05461-9451-0, Fax 9451-15, Öffnungszeiten: Di–So 10–17 Uhr, Führungen: Tel. 05461-9451-20, öffentliche Führung So 11 Uhr, www.tuchmachermuseum.de
Anfahrt: Das Museum liegt am Rande des alten Ortskerns westlich der Hase. Man folge den Hinweisen Richtung »Zentrum«.

che St. Martin erneuert. 1276 ließ sich das Quakenbrücker Stiftskapitel in Bramsche nieder. Der Ort hatte einige Rechte, wurde aber im 16. Jh. - wie Fürstenau, Iburg und Melle - lediglich als »Wigbold« bezeichnet, eine Stadt minderen Ranges im Fürstbistum.

Bramsche ist auch heute noch mit Verkehrswegen reich gesegnet, hat sogar einen eigenen Hafen am Mittellandkanal. Das macht die Orientierung und die Anfahrt keineswegs einfacher, zumal die Stadt deutlich in einen alten Ortskern im Westen und einen neuen Stadtteil im Osten getrennt ist, die ihre eigenen, weiträumigen Zufahrtsstraßen haben. Dazwischen erstreckt sich die Hase-Niederung. Die früheren Bewohner werden gewußt haben, warum sie so deutlich Abstand vom Fluß hielten.

In Bramsche liegt das in Norddeutschland einzigartige **Tuchmacher Museum Bramsche**, das vielfältige Eindrücke und Einblicke in puncto Tuchmacherei und Färberei vermittelt. Radler auf der Hase-Ems-Tour können das Museum leicht erreichen, müssen aber den Fluß überqueren. Autofahrer folgen den Hinweisen ins Zentrum, auf der letzten Strecke ist auch das Museum ausgeschildert.

Das Museum liegt am Mühlenort, also etwas abseits vom alten Ortskern, der sich aus der Großen Straße, der Münsterstraße und Kuhstraße zusammensetzte. Mittendrin steht die **St. Martinskirche**, die um 1200 errichtet wurde und zwischen 1276 und 1489 das Sylvesterstift von Quakenbrück aufnahm. Der Chor wurde im 15. Jh., das südliche Seitenschiff im 17. Jh. angebaut. Gegenüber steht noch die **Alte Posthalterei** von 1650 (Markt 31).

Die größte Sehenswürdigkeit von Bramsche aber ist der Ort der **Varusschlacht** mit dem Museum und Park am Kalkrieser Berg, der etwa 15 Kilometer in östlicher Richtung liegt, zu erreichen auf der B 218 in Richtung Minden. Zwischen Engter und Venne, nördlich der Straße, ist man am Ziel.

Ganz in der Nähe des historischen Schlachtfeldes liegen die Schlösser Alt-Barenaue und Neu-Barenaue. Sie sind beide in privater Hand und können nur von Ferne besichtigt werden. Vom vierflügeligen Wasserschloß **Alt-Barenaue** sind nur Teile der nordwestlichen und der nordöstlichen Seite erhalten, u. a. der markante Torturm von 1689, der Marstall und die ehemalige Brauerei. Auch vom barocken Herrenhaus blieben nur Reste. Das Herrenhaus **Neu-Barenaue** wurde 1857-62 im neuromanischen Stil errichtet.

Zurück in Bramsche, empfiehlt es sich, über Bühren und Epe zum **Kloster Malgarten** zu fahren, das etwa vier Kilometer nördlich von Bramsche liegt. Man erreicht das ehemalige Benediktinerinnenkloster über die Nord-Tangente. Von Graf Simon von Tecklenburg um 1175 gegründet, zeigt das Anwesen am unteren Turm noch Baureste aus der Gründungszeit. Die St.-Johannes-Kirche wurde sehr behutsam barockisiert, so daß viel vom ursprünglichen Baukörper aus dem 13. Jh. zu sehen ist. Der westliche Flügel des Kreuzgangs blieb

➢ Kanuten im Osnabrücker Land

erhalten, ebenso das Äbtissinnenhaus von 1681.
Es geht weiter nach Rieste. Unterwegs kommt man am **Wittefeld** vorbei, wo angeblich 783 die Schlacht an der Hase stattgefunden haben soll, bei der Karl der Große die Sachsen entscheidend schlug. Nördlich von Rieste liegt die **Kommende Lage** des Johanniterordens. Im Dreißigjährigen Krieg zerstört, baute Komtur Johann Jacob von Pallandt in der 2. Hälfte des 17. Jh. die Anlage fast ganz wieder auf. Die Gebäude wurden stark verändert, der Nordflügel mit dem Marstall abgerissen. Auch der **Rittersaal**, der im 18. Jh. vom Admiral der Ordensflotte im Mittelmeer, Komtur Philipp Graf von Nesselrode-Reichenstein, angelegt wurde, ist stark verändert. Die Gemälde, die hier einst hingen, darunter eine Darstellung der Seeschlacht der Johanniter vor Malta, sind Bestand des Museums des Landkreises Osnabrück im Kloster in Bersenbrück. Die **Komturkirche St. Johannes der Täufer** ist mit einem stukkierten gotischen Sternengewölbe geziert, das vermutlich von Josef Geitner stammt.
Von Rieste erreicht man nach wenigen Kilometern den **Alfsee**, der intensiv von Wassersportlern genutzt wird. Es gibt dort u. a. eine Wasserski-Anlage. Mit dem künstlich gestauten Gewässer hat man ein Auffangbecken geschaffen, um die z.T. heftigen Hochwasser und Überschwemmungen der Hase zu regulieren. Bei **Alfhausen** stößt man wieder auf die B 68, die zurück nach Osnabrück führt.

Die Varusschlacht bei Kalkriese

**Ein Schlachten war's,
nicht eine Schlacht zu nennen.**
Friedrich von Schiller, »Jungfrau von Orleans«

Die Varusschlacht war jahrhundertelang der deutsche Ur-Mythos schlechthin. Die barbarischen Germanen hatten ein Heer der militärisch und kulturell überlegenen Römer vernichtend geschlagen und damit die Unterwerfung Germaniens abwenden können. Was konnte man mit diesem Triumph nicht alles machen! In jedem Freiheitskampf, in jedem Krieg, in jedem Konflikt Deutschlands mit einem äußeren Gegner ließ sich dieser Sieg benutzen und propagandistisch ausschlachten. Zur Not wurden aus Germanen eben Preußen, aus den Römern Franzosen. Aber die Sache hatte einen Haken: Niemand wußte, wo die Schlacht gewesen ist.

Der historische Ort wird nach der Schlacht vermutlich noch zwei, drei Generationen unter den germanischen Stämmen bekannt gewesen sein, dann verlor sich das mündlich überlieferte Wissen. Mehrere römische Autoren schilderten das Geschehen in Germanien, doch keiner konnte den Ort präzise angeben. Berichte des römischen Geschichtsschreibers Tacitus, zunächst gesprochen und vermutlich um 112 n. Chr. abgefasst, gelangten auf unbekannten Wegen nach Deutschland, wurden in Klöstern verwahrt und vermutlich abgeschrieben. Um das Jahr 1507 entwendeten Handschriftenjäger im Kloster Corvey eine Abschrift der »Annalen« Tacitus'. Glück im Unglück – als wenige Jahre später die Klosterbibliothek abbrannte, waren die antiken Texte der Zerstörung entgangen.

Mit Tacitus' Beschreibung war der Mythos Varusschlacht bereit angelegt – vor allem durch seine Charakterisierung des Cheruskers und römischen Offiziers Arminius als »Befreier Germaniens«. Das bot Stoff für Spekulationen und Interpretationen. Luther zum Beispiel deutschte den römischen Namen Arminius als »Hermann« ein und setzte den Sieg der germanischen Krieger geschickt in seinem Konflikt mit dem Papst ein.

➢ »Varus, Varus, gib mir meine Legionen zurück« soll Cäsar ausgerufen haben. Sicher ist, daß die siegesgewohnte Großmacht Rom erstmals eine herbe Niederlage einstecken mußte

Mythos Varusschlacht

Seither, also über 500 Jahre, waren die Deutschen auf der Suche nach ihrem »liebsten Schlachtfeld«. Im 17. und 18. Jh. erschienen zahlreiche Romane, Theaterstükke und Opern mit dem Helden Arminius/Hermann, der die zerstrittenen germanischen Stämme gegen Rom hatte einigen können. Auch für die Romantik mit ihrer Überhöhung der frühen deutschen Geschichte war die Varusschlacht eminent wichtig. Heinrich von Kleist schuf 1808 seine patriotische »Hermannsschlacht«, mit deutlich antinapoleonischen Zügen. Auch Heine ließ sich den Stoff nicht entgehen und spottete:

»Das ist der Teutoburger Wald,
Den Tacitus beschrieben,
Das ist der klassische Morast,
Wo Varus steckengeblieben.
Hier schlug ihn der Cheruskerfürst,
Der Hermann, der edle Recke;
Die deutsche Nationalität,
Die siegte in diesem Drecke.
Wenn Hermann nicht die Schlacht gewann
Mit seinen blonden Horden,
So gäb es deutsche Freiheit nicht mehr,
Wir wären römisch geworden!«
(»Wintermärchen«, Caput XI)

Wo aber lag der Ort der Schlacht? Man begann zu forschen und zu suchen, setzte Vermutungen und Annahmen in die Welt, zog verwegene Schlüsse oder legte den Platz des mehrtägigen Gemetzels nach Gutdünken einfach fest. Tacitus hatte in seinen »Annalen« den Platz recht vage als »nicht weit vom Teutoburger Wald« – »haud procul Teutoburgiensi saltu« – beschrieben, was zu Spekulationen geradezu einlud. Es wurde gestritten und behauptet, aber keiner wußte Genaues. Am Ende gab es rund 800 vermeintliche Schlachtplätze – und Aberhunderte Schriften darüber samt abenteuerlichen Begründungen. Höhepunkt der Begeisterung war die Errichtung des Hermannsdenkmals 1875 auf der Grotenburg bei Detmold im Lipper Land, dem Favoriten unter den mutmaßlichen Schlachtorten. Doch bewiesen war gar nichts.

Münzfunde bei Kalkriese

Aber man hätte mißtrauisch werden können, zumindest skeptisch. Denn am Nordrand des Wiehengebirges hatten Bauern seit Menschengedenken auffallend viele römische Gold- und Silbermünzen gefunden, von denen keine später als 9 n. Chr. geprägt worden war. Erstmals ließ der Historiker Theodor Mommsen 1885 die Münzfunde untersuchen und legte schriftlich nieder, daß die Varusschlacht bei Kalkriese stattgefunden hat. Man verwarf die Theorie, waren unter den Funden doch weder Kupfermünzen (von Soldaten) noch militärische Gegenstände.

Warum der Ort der Schlacht so schwer zu finden war, ist unter anderem mit einer besonderen Form der Landwirtschaft zu erklären, die alles überdeckte, vieles aber auch bewahrte. Östlich von Bramsche, bei Kalkriese, wurde viele Jahrhun-

➢ Bei Kalkriese hat sie stattgefunden, die legendäre Schlacht

derte Eschkultur betrieben. Dabei plaggen die Bauern Grassoden ab, verwenden sie als Streu im Stall und bringen das Ganze als Dung auf die Felder zurück. Dabei verkarsten einige Flächen immer mehr und kommen tiefer zu liegen, andere werden allmählich immer höher und fruchtbarer. Die Höhenunterschiede im Gelände sind nach einigen Jahrhunderten beträchtlich und können - wie bei Kalkriese - bis zu einem Meter betragen. So geschah es am Ort der Varusschlacht: Kultiviertes Ackerland deckte das Schlachtfeld gnädig zu und bewahrte es für die Nachwelt.

Doch beim Pflügen und beim Hausbau fanden die Bauern immer wieder römische Münzen. Die Forschung blieb skeptisch. Dann stieß der britische Major Anthony Clunn, der in Osnabrück stationiert war, 1987 bei Kalkriese auf 162 Silbermünzen aus einem Verwahrfund. Im Frühjahr 1988 spürte der Hobby-Archäologe sogar drei bleierne Schleudergeschosse auf. Dieser Hinweis, daß römisches Militär am Kalkrieser Berg gewesen war, alarmierte die Forscher: Im Herbst 1989 begannen die archäologischen Grabungen in der Kalkrieser-Niewedder Senke unter Leitung von Prof. Dr. Wolfgang Schlüter, Stadt- und Kreisarchäologe in Osnabrück. Schlüter machte gleich zu Beginn überraschende Funde, unter anderem eine (inzwischen berühmte) Maske eines römischen Reiterhelms und eine Legionärsaxt. Tausende Fundstücke und Fragmente sollten folgten. Mitte der neunziger Jahre gab es kaum noch Zweifel, daß der Ort der Varusschlacht gefunden war. Die Entdeckung war eine Sensation, nicht nur unter Archäologen und Historikern. Die wissenschaftliche Erforschung des antiken Schlachtfeldes dauert an.

Römische Besatzer

Dem Gemetzel am Kalkrieser Berg waren dreißig Jahre stetigen Bemühens der Römer vorausgegangen, Germania Magna, das Gebiet zwischen Rhein und Elbe, zu unterwerfen. Das linksrheinische Gebiet war von Caesar 58 bis 49 v. Chr. erobert worden, die römische Vorherrschaft wurde aber durch germanische Einfälle immer wieder empfindlich gestört. So entschloß sich Kaiser Augustus zur Eroberung von ganz Germanien. Etwa 13 v. Chr. waren die Vorbereitungen abgeschlossen, im Jahr darauf begannen die Feldzüge.

Bereits im Jahre 7 v. Chr. schien die Unterwerfung aller germanischen Stämme bis zur Elbe erfolgreich verlaufen zu sein. Doch der Schein war allzu trügerisch. Im Jahre 1 brach ein Aufstand aus, der erst in den Jahren 4/5 von Tiberius niedergeschlagen werden konnte. In jener Zeit muß in Rom die Entscheidung gefallen sein, das Gebiet dem Römischen Reich als Provinz anzugliedern, mit einheitlicher Gesetzgebung, Besteuerung und Verwaltung. Roms starker Arm Publius Quinctilius Varus, im Jahre 7 zum Statthalter Germaniens und zum Oberbefehlshaber der Rheinarmee ernannt, ergriff harte Maßnahmen, woraufhin sich unter den Stämmen Widerstand regte. Die Haltung des germanischen Adels war gespalten: Die älteren neigten Rom zu und erkannten die höhere Kultur an, die jüngeren waren zum Teil antirömisch eingestellt.

Im September des Jahres 9 befand sich Varus mit einem Teil seiner Armee vermutlich in einem Sommerlager an der Weser, bei Minden. Von hier wollte er vor Anbruch des Winters an den Rhein zurückkehren. Sein Heer bestand aus der XVII., XVIII. und XIX. Legion, sämtlich Elitetruppen, verstärkt durch Hilfstruppen, die aus drei Alen (Reitereinheiten) und sechs Kohorten (Infanterie) bestanden. In einem riesigen Troß zogen Schreiber, Pioniere, Landvermesser, Ärzte, Köche und Handwerker mit, eventuell auch Frauen und Kinder. Alles in allem waren wohl rund 15 000 Menschen unterwegs, die Hälfte der Rheinarmee. In Tagesmärschen von 25 Kilometern bewegte sich die Armee in einer wohl 20 Kilometer langen Kolonne durch Germanien und schlug an jedem Etappenort ein befestigtes Marschlager auf, um gegen nächtliche Überfalle geschützt zu sein. Unterwegs wurde Varus von Meldungen über den Aufstand eines germanischen Stammes alarmiert. Er beschloß, eine Route durch unwegsames Gelände zu nehmen, am Nordrand des Wiehengebirges entlang in Richtung Westen. Auf dieser Strecke gab es einen Engpaß zwischen dem 169 Meter hohen Kalkrieser Berg und dem weiter nördlich gelegenen Großen Moor. Entweder kannte Varus die örtlichen Verhältnisse nicht, oder er war allzu sorglos.

Die Falle

Genau an jener Stelle warteten die Cherusker unter Arminius, verstärkt durch Brukterer, Marser und Chatten. Der Engpaß maß einen Kilometer und mag weit erscheinen - weit genug für ein Gefecht nach römischer Schlachtordnung. Doch das Gelände war teilweise sumpfig, von kleinen Wasserläufen durchzogen, von Gebüsch bewachsen und hatte nur zwei begehbare Bereiche, auf denen eine Armee mit Reiterei und Troßwagen durchkommen konnte: Ein Sandrücken verlief im Norden, nah am Großen Moor, der andere begehbare Weg am Fuß des Kalkrieser Berges.

Man würde dem Kampfgeschehen nicht gerecht, ließe man Varus' und Arminius' Persönlichkeiten außer acht. Varus war ein Mann Mitte fünfzig, kampferprobt, selbstbewußt und erfahren in der Führung, doch ausgesprochen starr: Einmal zu einer Meinung gelangt, konnte ihn nichts und niemand davon abbringen. Arminius war Ende zwanzig, von germanischem Adel und mit der römischen Kriegskunst und Waffentechnik wohlvertraut. In römischem Dienst stehend, hatte er sogar Bürgerrecht und Ritterwürde erhalten. Doch als Verbündeter Roms und Vertrauter des Varus war seine Führungsrolle bei den Cheruskern nicht unangefochten. Seine Chance im Kampf um die Macht sah er schließlich einzig im Treuebruch gegenüber Rom.

Arminius ließ Varus Meldungen über einen angeblichen Aufstand eines germanischen Stammes zukommen, worauf der Römer beschloß, den Heerweg zu verlassen. Möglicherweise begleitete Arminius mit seinen Mannen Varus sogar eine Strecke, ließ aber in aller Eile einen Hinterhalt am Kalkrieser Berg anlegen. Arminius' Schwiegervater Segestes warnte Varus vor

➢ Prominentester Fund in Kalkriese: die Helmmaske eines hohen römischen Offiziers

der Falle, doch der Starrsinnige schenkte ihm keinen Glauben. Die Armee, zu einer viele Kilometer langen Marschkolonne auseinandergezogen, näherte sich dem Kalkrieser Berg bei strömendem Regen. Unterwegs wurden die Römer ständig von kleinen Trupps germanischer Krieger überfallen, was die Soldaten zermürbte und beunruhigte. Doch das war erst der Auftakt: Am Kalkrieser Berg begann ein einziges Schlachten.

Die Schlacht

Die Germanen waren in mehrfacher Hinsicht klar im Vorteil: Sie waren es, die Zeit und Ort des Kampfes diktierten. Zudem hatten sie einen 400 Meter langen Erdwall anlegen können, der ihnen Schutz bot und hinter dem sie sich formieren konnten, um gegen die Römer anzurennen. Sie kämpften hangabwärts, was ihren Vorstößen Dynamik verlieh und die Römer benachteiligte. Der größte Vorteil aber war neben genauester Ortskenntnis die Enge des »Trichters«, in dem sich die Römer nicht zu ihrer altbewährten Schlachtordnung formieren konnten.

Die Schlacht am Kalkrieser Berg war Höhepunkt und Abschluß eines drei- oder viertägigen Kampfes mit vielen Einzelgefechten, ohne Ordnung, ohne Übersicht. Kleine Gruppen der Römer konnten durchbrechen und flohen in nordwestlicher und südwestlicher Richtung, ihre Wege sind markiert von zahlreichen Münzfunden. Wieviele sich mit heiler Haut retten konnten, weiß niemand. Einige Überlebende sind aber namentlich bekannt. C. Numonius Vala erreichte mit seiner Reiterei den Rhein und wurde als Deserteur hingerichtet. Lagerpräfekt Ceionius bot den Germanen die Kapitulation an, als der größte Teil der Römer bereits gefallen war. Lagerpräfekt Lucius Caedicius, in Aliso eingeschlossen, konnte mit einer Gruppe Soldaten ebenfalls zum Rhein durchbrechen. In der Gefangenschaft beging Coelius Caldus mit seinen eigenen Ketten Selbstmord. Einige Gefangene wurden später freigekauft, durften aber nicht nach Italien zurückkehren.

Varus stürzte sich angesichts der aussichtslosen Lage in sein Schwert, vor einem römischen Kriegsgericht wäre ihm ohnehin die Todesstrafe sicher gewesen. Gegen Überlebende einer verlorenen Schlacht ging der römische Militärstaat gnadenlos vor: Soldaten hatten nur die Wahl zwischen Kämpfen und Sterben. Varus' Leichnam wurde enthauptet, der Kopf ging mit einem Bündnisangebot an den Markomannenkönig Marbod, der ihn nach Rom senden ließ. Dort wurde das Haupt des Varus in einem Grab beigesetzt. Sein Name überlebte im Volksmund durch jenen Kaiser Augustus zugeschriebenen Ausspruch: »Quinctili Vare, legiones redde!« (Quinctilius Varus, gib mir meine Legionen zurück!).

Nach der Schlacht

Nach römischen Schilderungen sollen die Germanen gefangene römische Offiziere geopfert haben, ebenso wertvolles Kriegsgerät. Der Platz wurde ausgiebig geplündert, was die Vielzahl kleiner Funde und Bruchstücke erklärt (nur unter dem Versturz der Rasensodenmauer fand man auch vollständig erhaltene Gegenstände). Die Nachricht von der Vernichtung der halben Rheinarmee traf Rom wie ein Schock, schließlich waren die Germanen seit dem verheerenden Einfall der Kimbern und Teutonen in Italien Ende des 2. Jh. v. Chr. der Angstgegner der Römer schlechthin. Die vernichteten Legionen waren nicht zu ersetzen. Im Jahre 15 begann Germanicus mit großer Streitmacht einen Rachefeldzug durch Germanien, suchte das Schlachtfeld am Kalkrieser Berg auf und ließ die Überreste der Toten beisetzen. Überlebende der Schlacht zeigten ihm, wo Varus, wo dessen Legaten, Tribune und Centurionen ums Leben gekommen waren. Eine Wende in Germanien konnte auch Germanicus nicht erzwingen.

Die Niederlage des Varus bedeutete das Ende der knapp drei Jahrzehnte währenden römischen Expansionspolitik in Germania Magna. Germanien blieb frei, nahm nicht teil am wirtschaftlichen und kulturellen Aufschwung, den Gallien unter Rom in den nächsten Jahrhunderten erlebte. Ab Ende des 1. Jh. bis Mitte des 2. Jh. ließ Rom im südlichen Germanien den Limes anlegen – als Grenzbefestigung gegen die Germanen auch ein Eingeständnis Roms, den alten Angstgegner nicht bezwungen zu haben.

Die Ausgrabungen

Auf dem großen Areal der Schlacht forschen die Wissenschaftler gezielt an ausgewählten Stellen, um den Verlauf des Kampfes, die Geländestruktur und die damalige Situation zu erhellen. So unscheinbar sich das Terrain nördlich der Bundesstraße 218 dem Besucher zunächst auch darbietet, es steckt voller Überraschungen. So entdeckte eine Volkshochschulgruppe, die man an einer denkbar aussichtslosen Stelle in einer feuchten Senke für Übungszwecke ein wenig graben ließ, eine Knochengrube, vermutlich einer der Begräbnisplätze des Germanicus aus dem Jahre 15. Im Museumspark stößt der Besucher auf den Nachbau eines germanischen Erdwalls. Jenseits des kleinen Waldstücks weiter nördlich wölbt sich sanft ein Acker, der berühmte »Oberesch«, bis heute das bedeutendste Grabungsfeld. Dort lag das zentrale Schlacht-Areal.

An den Ausgrabungen nehmen Wissenschaftler verschiedener Fachrichtungen aus ganz Deutschland teil, neben Archäologen und Historikern auch Numismatiker, Botaniker, Archäozoologen, Bodenkundler, Geobotaniker, Metallurgen und Anthropologen. Oft stellt sich bei ihrer Arbeit der Eindruck ein, daß bei jedem bedeutenden Fund die Anzahl der offenen Fragen exponentiell steigt.

Fundsachen

Bis heute sind bei Kalkriese etwa 1250 Münzen gefunden worden und rund 4000 Fundstücke – Militärausrüstung und Alltagsgegenstände ausschließlich römischer Herkunft. Darunter befinden sich Pferdetrensen, Schienenpanzerschnallen, Schwertriemenhalter, Helmbuschhalter, Operationsbesteck, Sandalennägel, Pfeilspitzen, Werkzeuge u. a. Auch sehr wertvolle Gegenstände sind darunter: eine Helmmaske, für die Zeit des Augustus ein vermutlich einzigartiger Fund, eine Legionärsaxt und eine silberne, mit Edelsteinen besetzte Verzierung einer Schwertscheide. Das meiste »Metall« – mit Ausnahme der Münzen – fand man unter dem

➢ Interessierte Besucher erfahren im »Museum und Park Kalkriese« alles Wissenswerte über das historische Ereignis

Versturz des Walles, wo es Plünderungen entging. Man hat den Verlauf der germanischen Rasensodenmauer auf 400 Meter nachgewiesen, Drainage-Gräben sowie einige Knochengruben freigelegt. Aufgrund der Größe des Grabungsgebietes und des Erhaltungszustandes der Funde mußten die Forscher ganz neue Methoden und Techniken ersinnen. Die Ausstellung und der im Sommer 2000 eröffnete Park bieten einen Überblick zu den seit 1989 erzielten Ergebnissen und Funden der archäologischen Untersuchungen in Kalkriese.

Varusschlacht

Das im April 2002 eröffnete Museumsensemble zur Varusschlacht, ein mehrfach preisgekröntes baukünstlerisches Meisterwerk der Schweizer Avantgarde-Architekten Annette Gigon und Mike Guyer, inszeniert die Momentaufnahme der Geschichte völlig neu. In einer außergewöhnlichen Ausstellung erfahren die Besucher mit Hilfe neuer Medien die historischen Ereignisse, die sich an diesem einzigartigen Ort zugetragen haben, und erhalten Einblick in die Arbeit der Wissenschaftler. Die Schau präsen-

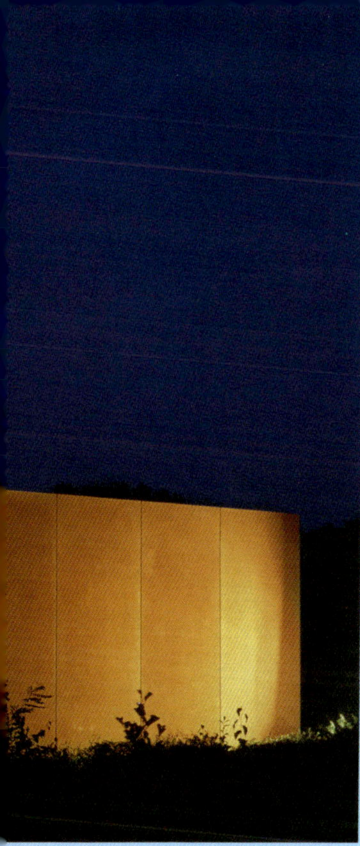

tiert rund 3000 Funde, darunter das Original der Helmmaske, und vermittelt anschaulich aktuelle wissenschaftliche Erkenntnisse rund um die Schlacht zwischen Römer und Germanen. Vom Turm aus läßt sich die eigentümliche Landschaftssituation zwischen Wald und Moor gut erkennen, in der es für die meisten der Römer kein Entrinnen gab. Nach dem Besuch des Museums empfiehlt sich ein Gang durch den 24 Hektar großen Park. Ein Einschnitt in der Landschaft führt zurück auf den historischen Boden des Jahres 9 n. Chr.

Ein Teilnachbau des auf etwa 400 Meter Länge nachgewiesenen Walles macht den Hinterhalt der Germanen erkennbar. In drei Pavillons erfahren die Besucher weitere Details über die historischen Zusammenhänge vor Ort.

Die Varusschlacht im Osnabrücker Land ist heute ein international beachteter Ort der Forschung und zugleich ein als europäisches Kulturerbe ausgezeichneter Museumspark. Zahlreiche kulturelle Veranstaltungen bereichern die museale Darbietung. Das »Oster-Leuchten« mit Licht-, Klang- und Feuerwerks-Inszenierungen ist von internationalem Rang. Alle zwei Jahre zu Pfingsten (2009, 2011 usw.) finden im Museumspark Kalkriese die Römer- und Germanentage statt - ein friedliches Gipfeltreffen von Römer- und Germanengruppen aus ganz Europa.

➧ Museum und Park Kalkriese, Varusschlacht im Osnabrücker Land, Venner Str. 69, Bramsche-Kalkriese, Tel. 05468-92040, Öffnungszeiten: April–Okt. tägl. 10–18 Uhr, Führungen tägl. 15 Uhr, So u. Feiertage auch 11 Uhr, Familienführung und Kinderprogramm am ersten So im Monat um 14.30 Uhr; Nov.-März Di–So 10–17 Uhr, Führungen: Mi u. Sa 14.30 Uhr, So u. Feiertage 11 und 14.30 Uhr, Familienführung und Kinderprogramm am ersten So im Monat um 14 Uhr. www.kalkriese-varusschlacht.de

Anfahrt: A1, Abfahrt Bramsche, B 218 in Richtung Minden – zwischen Engter und Venne.

Von Bersenbrück nach Quakenbrück

Die folgende Tour führt ins Herz des Artlandes, nach Quakenbrück. Die Strecke ist für Autofahrer beschrieben, eignet sich aber auch für Radwanderer. Man radelt dabei auf den ausgeschilderten Wegen der **Hase-Ems-Tour**, deren Symbol ein stilisiertes Fahrrad mit grünblauen Rädern ist. Anschluß an den Radweg hat man östlich des Alfsees oder in Bersenbrück hinter dem Kloster an der Hase.

Die bedeutendste Sehenswürdigkeit der ehemaligen Kreisstadt **Bersenbrück** ist das Zisterzienserinnen-Kloster im Zentrum, östlich der Hauptstraße. Es wurde 1231 von Graf Otto von Ravensberg gegründet. Bereits 1737 aufgelöst, blieben von dem katholischen Kloster das malerische **Torhaus** am Markt, einige Klosterbauten und die **Klosterkirche**, die mit der **Pfarrkirche St. Vincentius** eine zweischiffige Anlage bildet. Noch im 15. Jh. hatten die beiden Schiffe je ein eigenes Satteldach. Kunsthistoriker vermuten, daß die beiden sandsteinernen Kreuzwegstationen an der südlichen Wand (westliches Joch) aus dem Umfeld des Schöpfers des Hochaltars der Osnabrücker Johanniskirche stammen. Zu den bedeutendsten Kunstwerken der Kirche zählt das **Bersenbrücker Krippchen**, ein bemaltes Relief aus Baumberger Sandstein von 1410/15 mit einer Darstellung der Geburt Jesu Christi.

➢ Kloster Bersenbrück, Torhaus und Klosterkirche

Einmal an Ort und Stelle, sollte man das **Museum des Landkreises Osnabrück im Kloster Bersenbrück** besuchen. Die im Wirtschaftsflügel des Klosters untergebrachten Bestände wurden von Hermann Rothert, dem ehemaligen Landrat, für das ehemalige Kreismuseum Bersenbrück angelegt. Sie umfassen vor- und frühgeschichtliche Funde aus dem Artland, kirchliche Kunst, bäuerliches Handwerk, Ackergeräte, Töpferei, Kunsthandwerk, die Gemäldegalerie der **Kommenden Lage** - und den ersten im Kreis Bersenbrück angeschafften Wagen, einen De Dion-Bouton, Modell Q Populaire, ein Dreisitzer mit sechs Pferdestärken von 1903. Mit seinem einzigen Zylinder soll er immerhin 45 Kilometer pro Stunde schnell gewesen sein.

Schwerpunkt des Museums ist das **Artland** zwischen Bersenbrück, Fürstenau und Quakenbrück, das mit seinen großen Höfen in den Marschen der Hase eine eigene Tradition hat. Hier war man immer protestantisch und grenzte sich dementsprechend ab. Der Norden des Osnabrücker Landes ist also stark vom Süden und Osten unterschieden. Die Erinnerung an den ehemaligen Kreis Bersenbrück, der im Landkreis Osnabrück aufging, ist hier noch sehr lebendig.

Museum des Landkreises Osnabrück im Kloster
Stiftshof 4, 49593 Bersenbrück
Tel. 05439-441, Öffnungszeiten:
Di–Fr 9–12, 14–17 Uhr, Sa und So 14–17 Uhr

Ein paar Kilometer nördlich von Bersenbrück liegt **Badbergen**. Wer auf einem alten Hof Kaffee trinken möchte, dem sei der Hof Busmeyer-Elting empfohlen. Man biegt im Ort nach Westen ab, in Richtung Vehs, und erreicht hinter dem Unternehmen artland in einem Waldstück den modernen Hof in altem Fachwerk links der Landstraße.

Auf der B 68 erreicht man **Quakenbrück**. Die Stadt wurde mitten im Binnendelta der Hase angelegt, die sich hier früher in sieben Arme teilte und, da der Hümmling ihr den Weg nach Norden versperrt, scharf nach Westen abbiegt. Das fruchtbare Land war leicht zu verteidigen, so daß der Osnabrücker Bischof Conrad I. von Velber hier 1235 eine Stiftsburg anlegte, um die unsichere Nordgrenze des Bistums gegen die landhungrigen Grafen von Tecklenburg, von Ravensburg und von Oldenburg zu verteidigen. Zahlreiche Burgmannen siedelten sich an, danach Bürger und Handwerker. Auch das Kollegiatstift des hl. Sylvester war zeitweise in Quakenbrück. Bereits um 1360 war Quakenbrück eine Stadt.

Obwohl die meisten Arme der Hase heute zugeschüttet sind, kann man immer wieder feststellen, wie stark die Flußläufe und die Brücken den Grundriß der Stadt bestimmt haben. Auch Namen wie Deichstraße oder Schiphorst lassen eine Stadt am Fluß , oder besser gesagt, im Binnendelta eines Flusses erkennen.

Der Besucher wird in den meisten Fällen am Markt eintreffen. Die katholische **Marienkirche** aus dem 17. Jh. wurde nach dem Zweiten

Weltkrieg wieder aufgebaut. Daneben liegt der **Burgmannshof Voß**, in dem heute die Stadtbücherei untergebracht ist. Auf der anderen Seite der Kirche, an der Ecke zur Langen Straße, findet man das **Rathaus** von 1818, davor ein markantes Soldaten-Denkmal. Ihm gegenüber steht das **Handelshaus Schröder** von 1760, dessen Erbauer, der hanseatische Kaufmann Anton Engelbert Schröder, seine Heimat nicht vergessen konnte und dem prachtvollen Bauwerk eine schöne Windfahne mit Kogge aufsetzte.

Was es mit den Quakenbrücker Windfahnen auf sich hat, erfährt man im **Stadtmuseum** am Markt, das außergewöhnlich sehenswert ist. Der Besuch ist ohne Einschränkung zu empfehlen. Zu sehen sind: Quakenbrücker Zinnkrüge von 1729 und 1740, in Kopie der berühmte Quakenbrücker Sachsenspiegel von 1422 mit der Gesetzessammlung des Burgmannsrechts, die Knopfsche Apotheke von 1653, Artländer Blaudruck, eine holländische Fliesensammlung aus Quakenbrücker Häusern und ein Durk (wie hier der Alkoven heißt). Unter dem Dach reiht sich Zünftiges, Handwerkliches und Berufsständisches aneinander: Contor, Post, Zimmerer-Werkstatt, Arbeitsstätten eines Drechslers, Sattlers, Polsterers und Klempners. Vier Turmuhren sind zu sehen – und ein Einkehrhaus, wo sonntags die Kirchgänger einkauften und gleich einen heben konnten.

➢ Detail einer Hausfront in Quakenbrück

➧ **Stadtmuseum Quakenbrück,** Markt 7, 49610 Quakenbrück, Tel. 05431-6777, Öffnungszeiten: Do u. Sa 15–18 Uhr, So 10.30–17 Uhr

Die **Lange Straße** lädt zu einem Spaziergang ein. Nach Norden, am Rathaus vorbei, liegt der schönere Abschnitt. Kurz hinter dem Rathaus findet man links das schöne Haus **»Hopfenblüte«** (Nr. 48). Jenseits der Großen Mühlenhase, einem der beiden verbliebenen Hasearme, trifft man auf die **Hohe Pforte** von 1485, den letzten Turm der Stadtbefestigung, kurz dahinter links auf **Haus Heye** (Nr. 76), das einen Rokokogiebel besitzt. Weitere sehenswerte Bauten stehen in der Alenconer Straße, der ehemaligen Großen Mühlenstraße, die nördlich von der Langen Straße abgeht. Die **Große Mühle** wurde im 16. Jh. errichtet, daneben liegt der **Dincklagesche Burgmannshof**. Der Fachwerkbau aus dem 17. Jh. erinnert an die Zeiten, da in Quakenbrück die Burgmannen des Bischofs das Sagen hatten. Ein paar Meter weiter, schon in der Pfaffenstraße, steht der **Dincklage-Grothaussche Hof** von 1735. Von dort ist es nicht weit zur **Sylvesterkirche**. Die Straßen und Winkel rings um die Kirche verführen geradezu zu einem Spaziergang. Die Kirche aus dem 13. Jh. war zunächst vermutlich eine Basilika und wurde um 1470 zu einer dreischiffigen Hallenkirche westfälischen Typs umgebaut.

➢ Rathaus in Quakenbrück

Turm und Sakristei kamen erst Ende des 15. Jh. hinzu. Im Jahr 1489 kehrte das Stiftskapitel, das bis dahin in Bramsche gewirkt hatte, an die Stätte seiner Gründung zurück. Im Sakramentshaus wurde früher übrigens die **Bonnus-Bibel** aufbewahrt. Hermann Bonnus war gebürtiger Quakenbrücker und hieß eigentlich Bunnen, hatte seinen Namen aber latinisiert. Bonnus reformierte das Osnabrücker Land und schenkte seiner Heimatstadt die erste plattdeutsche Ausgabe der Lutherschen Bibelübersetzung. Das 1534 in Lübeck gedruckte und mit Holzschnitten von Erhard Altdorfer ausgestattete Werk war ein überaus wertvolles Geschenk. Die Kirche besitzt zudem eine reiche Ausstattung aus der Nachreformationszeit, darunter **Gestühl** von 1580–1600 und den **Epitaph** für den Burgmann Hermann von Dincklage auf Schulenburg und seine Frau Gertrud im Chor. Sehenswert ist auch der spätgotische **Palmesel**, der an die lange Tradition der Palmsonntagsprozession in Quakenbrück erinnert.
Über die Große Kirchstraße erreicht man wieder den Markt.

Ins Artland

Die folgende Tour führt von Bramsche in das Herz des **Artlandes**. Von Bramsche verläuft die Route auf der B 68/B 218 nach Norden und biegt bei Hesepe auf der B 218 nach Westen ab, in Richtung Fürstenau. Man durchquert zunächst ein Waldgebiet, dann leicht hügeliges, welliges Weideland. Die Straße verläuft streckenweise auf einem Damm, vermutlich wegen einiger Moorgebiete. Der Ort Plaggenschale läßt auf Eschkultur schließen, eine über Jahrhunderte tradierte Form der Landwirtschaft. Hinter Schwagstorf ist bald **Fürstenau** erreicht. Man parkt am besten neben der **Bastion** am Schloß. Fürstenau ist eine militärische Gründung der Osnabrücker Bischöfe. Der Nordwesten des Bistums mußte gegen die Tecklenburger Grafen geschützt werden. Zwei Burgen an anderer Stelle waren gescheitert, erst mit Fürstenau, der dritten Festung, hatten die Bischöfe mehr Glück. Die am Weg nach Lingen gelegene Grenzfeste war über Jahrhunderte ein Wigbold, also eine Stadt niederen Ranges, und wurde erst 1642 zur vollgültigen Stadt erhoben. Mit dem Ort sind wichtige Ereignisse verbunden. So nahmen hier Soldaten aus Osnabrück im Jahre 1444 den Grafen Johann von Hoya gefangen und ließen ihn jahrelang in einem Kasten aus Eichenbohlen im Bocksturm zu Osnabrück schmachten. In allen großen Kriegen, dem spanisch-niederländischen, dem Dreißigjährigen und dem Siebenjährigen Krieg, hatte die Bevölkerung der Festungsstadt unter Belagerungen, Eroberungen und Plünderungen zu leiden. Bis 1885 war Fürstenau Amt des gesamten Nordlandes, wie früher der Norden des Fürstbistums genannt wurde.

Die auf einer quadratischen Insel gebaute **Festung** Fürstenau besaß früher vier gesonderte Eckbastionen, die zum Teil durch unterirdische Gänge mit der Hauptfestung verbunden waren. Nur die Bastion im Nordosten, in Fürstenau »Rondell« genannt, wurde wiederaufgebaut. Man betritt die von einer Graft umgebene Anlage im Osten, an der Stadtseite, über eine Steinbrücke, erreicht einige ehemalige Wirtschaftsgebäude der Vorburg und steht vor dem Tordurchgang, auf dessen Bogen das Wappen Heinrichs III. prangt. Der Herzog von Sachsen-Lauenburg war 1574–85 Bischof von Osnabrück. Rechter Hand findet man die **Stadtinformation**, geradeaus kommt man in den Hof der Hauptburg, einer vierflügeligen Anlage. Links sieht man den wuchtigen **Bergfried**, der mit seiner barocken Turmhaube eher einer Kirche ähnelt. Johann IV. von Hoya, der Fürstenau Mitte des 16. Jh. zur Sommerresidenz der Bischöfe von

➢ Vorburg der Festung Fürstenau

Osnabrück machte, ließ den Festungsturm mit seinen über zwei Meter dicken Mauern umgestalten, den Rittersaal im Südflügel ausbauen und »wunderliche« Bäume aus fernen Ländern anpflanzen. In den Rittersaal, den Marstall und die Burgkapelle wurde nach 1817 die katholische Katharinenkirche eingebaut. Gewöhnlich ist sie nur zum Gottesdienst geöffnet.

Es empfiehlt sich sehr, die ehemalige Sommerresidenz der Osnabrücker Bischöfe außerhalb der Graft zu umrunden. Die Lage der Eckbastionen ist noch gut zu erkennen, auch die wie eine Spitze vorragende ehemalige Sternschanze vor dem Westflügel ist im Gelände gut zu erkennen. Mit ein wenig Phantasie kann man sich vorstellen, wie die Festung sich ihren Belagerern im Dreißigjährigen Krieg dargestellt hat.

Die Stadt Fürstenau hat, obwohl bereits im 14. Jh. angelegt, einen streng durchkonstruierten **Grundriß**, der an die Entwürfe der Aufklärung aus dem 16. und 17. Jh. erinnert. Auf alten Plänen erkennt man die fast symmetrische Anlage der Stiftsburg im Westen und der ebenfalls befestigten Siedlung im Osten. Drei Straßen verlaufen von der Festung nach Osten, die Georgstraße im Norden, die Schwedenstraße im Süden. An der mittleren, der Großen Straße, liegen der Markt, das Rathaus, die Pfarrkirche St. Georg und, ganz im Osten, das Hohe Tor. Die drei Längsstraßen werden von drei Querstraßen geschnitten, deren mittlere in den Markt mündet. Wer diesen Plan bedenkt, kann nicht fehlgehen und findet auf Anhieb die beiden ansehnlichen Stadtgebiete vor dem Hohen Tor und westlich der Schwedenstraße.

Die Route führt nun ein paar Kilometer auf dem alten Weg zurück

(Richtung Bramsche) und biegt in Schwagstorf links in die Landstraße 102 nach Norden ab, über die Ankumer Höhe in Richtung Bippen. Hinter Klein Bokern verläuft die Straße fast schnurgerade bergab durch dichten Wald. Das Gebiet ist bei Wanderern sehr beliebt, auch der Naturdenkmäler und Großsteingräber wegen, die es hier in auffallender Zahl gibt. Im Hotel »Forsthaus Maiburg« kann man gut eine Zwischenrast einlegen. Einige Parkplätze für Wanderer laden zur Erkundung des Waldes ein. Auch **Bippen**, wo man neben der St.-Georgs-Kirche aus dem 12. Jh. gut parken kann, ist im Sommer eine Hochburg der Wanderer, für die der Heimatverein Bippen einen »Kultstätten-Wanderweg« ausgearbeitet hat. Ganz in der Nähe, bei **Hekese**, liegt eines der größten Megalithgräber der Jungsteinzeit in Norddeutschland. Zwei Grabkammern, beide 20 Meter lang, sind durch eine Steinreihe miteinander verbunden. Die Gesamtanlage mißt fast 100 Meter.

Die Route führt nun von Bippen nach **Berge**, einem schön angelegten, sehr gepflegten Dorf, dessen beide Kirchen in bester Hanglage oberhalb der Ansiedlung thronen. Die ältere St.-Servatius-Kirche mit dem romanischen Chor stammt aus dem 13. Jh., die evangelische Luther-Kirche mit dem achteckigen Turm wurde 1836/39 errichtet.

Die zweite bedeutende Sehenswürdigkeit dieser Route ist **Stift Börstel**. Wir verlassen Berge auf der Börsteler Straße nach Nordwesten, durch den Börsteler Wald. Links der Landstraße liegt hinter einem Waldstück das ehemalige **Zisterzienserinnenkloster Börstel**. Man sollte am Wanderparkplatz an der Landstraße parken und die letzten hundert Meter zu Fuß gehen.

➢ Der Kreuzgang im Stift Börstel

Das Kloster Börstel wurde 1251 von Menslage in den Börsteler Wald im äußersten Nordwesten des Artlandes verlegt. Am Rande des hügeligen Waldes gelegen, nah am nördlichen Hahnenmoor, diente die Klostergründung auch der Binnenkolonisation. Börstel war immer ein Ort der Einsamkeit, und bis heute hat das abgelegene Stift die Atmosphäre eines »letzten Ortes« nicht verloren. Wem die besinnliche Ruhe nicht liegt, sollte gleich in der »Stifts-Schänke« einkehren (montags Ruhetag). Im Haus des ehemaligen Mühlenpächters ist ein sommerliches Weizenbier vielleicht genau das Richtige und vertreibt ein wenig die Melancholie und den Weltschmerz, die man an diesem Ort empfinden mag.

Das Kloster Marienberg - so der historische Name - stand in der Gründungszeit unter dem Einfluß des Klosters Hude im Oldenburgischen, doch dann orientierten sich die Nonnen mehr und mehr zum Hochstift Osnabrück. Sie entschieden sich früh für die Reformation. Das Anwesen wurde entsprechend den Bestimmungen des Westfälischen Friedens zu einem Damenstift, das es bis heute geblieben ist. Die Besetzung ist wie in alten Stiftstagen gemischt: lutherisch sind Äbtissin und sieben Stiftsdamen, zwei weitere Damen müssen katholisch sein.

Das ehemalige Kloster ist eine eigene Welt. Links liegen **Schulhaus**, **Küsterei**, **Reisigenstall** und, ein wenig versteckt, das **Pastorenhaus**. Rechter Hand fällt die **»Vierte Abtei«** ins Auge, ein stattliches Wohnhaus, in dem heute die Verwaltung des Stifts untergebracht ist. Die **Klosterkirche** könnte man leicht übersehen, nicht nur weil sie sich hinter zwei uralten, riesigen Bäumen verbirgt, sondern weil Zisterzienser bewußt auf Kirchtürme verzichteten und ihren Gotteshäusern nur kleine Dachreiter aufsetzten. Sie waren sehr kunstverständige und handwerklich hervorragende Baumeister, die mit dem Backstein wie kein anderer Orden umzugehen wußten.

➢ Im Kreuzgang von Stift Börstel

Es lohnt sich, Kirche und Kreuzgang - hier entgegen dem Uhrzeigersinn - zu umrunden. Das langgestreckte Gebäude links ist die

➢ Die Stiftskirche Börstel: Frühgotischer Backstein-Saalbau

Klausur (dahinter verläuft der Ostflügel des Kreuzgangs), rechts liegt ein uralter **Kornspeicher**, dessen Wände mit Findlingen durchsetzt sind. Der Nordflügel des Kreuzgangs ist ein Neubau, der Westflügel stammt aus dem 17. Jh., nur der östliche und der südliche Flügel stammen aus der Frühzeit. Längs der westlichen Klausur erreicht man wieder die Kirche.

Ursprung der Klosterkirche ist ein sogenanntes **Oratorium**, eine Art provisorische Kirche der Neuankömmlinge in der Waldeinsamkeit. Es verbirgt sich im Westteil der Kirche und kann nur vom Kreuzgang aus betreten werden. Laien und Dienstleute hatten tunlichst in der tiefergelegenen, dreischiffigen Unterkirche Platz zu nehmen, die Nonnen aber, die ja Gott ein bißchen näher waren, saßen in der »Nonnenkirche« darüber und hatten die schönen Maßwerkfenster an ihrer Seite. Alle Kirchgänger konnten in den Chor hineinsehen, die einen von unten, die anderen von oben herab. Unter dem Chor liegen Krypta und Äbtissinnengruft; beide sind nur vom Kreuzgang aus zu erreichen. Im Jahre

1963 fand man an der Rückseite der Altarplatte einen zugemauerten Hohlraum mit wertvollen Figuren aus dem 13., 14. und frühen 16. Jh., u. a. das Gnadenbild (Muttergottes) von 1230, das heute in der alten Sakramentsnische steht, eine Nikolausfigur aus dem 13. Jh., zwei Heiligenfiguren von 1360, außerdem eine Anna selbdritt und einen Schmerzensmann. Im Dreißigjährigen Krieg eingemauert, waren diese Figuren über drei Jahrhunderte vom Licht abgeschirmt und konnten ihre ursprüngliche Farbgestaltung zur Freude der Kunsthistoriker erhalten. In einem Nebenraum der Kirche hinter dem Kapitelsaal gibt es ein kleines **Stiftsmuseum**, wo man sich eingehend über die Geschichte des ehemaligen Klosters informieren kann.

Stift Börstel mit Museum
49626 Berge-Börstel,
Tel. 05435-95420; Führungen durch das Stift: April–Okt. Sa, So u. Feiertag 11, 15 und 16 Uhr, www.boerstel.de

Den Wanderern ein Tip: Im Stiftshaus halten die Damen eine einfache »Wanderkarte Börsteler Wald« bereit. So läßt sich die Einsamkeit des Ortes noch tiefer erleben.

Rund neunzig Meter ist die Endmoräne hoch, auf der Stift Börstel liegt. Nur eine kurze Strecke weiter nördlich geht es bergab ins **Hahnenmoor**. Wie mit dem Lineal gezogen, beginnt eine ganz andere Landschaft: Das tiefer gelegene, offene Weideland ist bretteben und von schnurgeraden Entwässerungsgräben durchzogen. Oben im Wald standen Eichen und Buchen, hier unten sieht man nur ab und zu ein paar Birken, Erlen und Weiden. Hier ist das Osnabrücker Land zu Ende, der Landkreis Emsland beginnt. Kurz darauf führt rechts eine Landstraße nach Menslage, zurück ins Osnabrücker Land. Das nördlich gelegene **Hahnenmoor** und das **Hahlener Moor** südlich der Landstraße wurden über Jahrhunderte abgetorft, heute bemüht man sich erfolgreich um eine Regeneration des Moorgebiets. Etwa 2,5 Kilometer nach der Abzweigung beginnt an einem Wanderparkplatz ein Moorlehrpfad (Rundweg). Die tischebene Landschaft des Hahnenmoors setzt sich zunächst fort, dann beginnen allmählich kleinste Erhebungen, es tauchen kleine Gehölze auf und Felder mit Weizen und Raps. Wieder beginnt eine andere Landschaft. Auf kurvenreicher Straße erreicht man Menslage.

Das Kirchdorf **Menslage** lag in einem sehr hart umkämpften Gebiet: Hier stritt der Bischof von Osnabrück mit dem Bischof von Münster und dem Grafen von Oldenburg um die Vorherrschaft. Das 1246 hier gegründete Kloster wurde bald darauf in den Börsteler Wald verlegt. Die Kirche aus dem 13. Jh. wurde 1945 zerstört und zeigt sich heute im Innern als modernes Gotteshaus. Die nähere Umgebung blieb erhalten und läßt im weiten Kreis der Fachwerkhäuser eine alte Kirchburg erkennen.

Von Menslage erreicht man nach zehn Kilometern Quakenbrück.

Der Süden des Osnabrücker Landes vermittelt ein ganz anderes Bild als der Norden. Der Grund dafür liegt nicht allein im Teutoburger Wald. Die Landwirtschaft war anders organisiert, die Höfe sehen anders aus, das kulturelle Klima ist »dichter« und intensiver, es existiert mehr Industrie, auch Schwerindustrie - und es gibt Heilbäder. Und genau dorthin führt diese Route.

Vom Ring in Osnabrück erreicht man auf der Iburger Straße und weiter auf der B 51 nach wenigen Kilometern **Georgsmarienhütte**, eine Stadt vor den Toren Osnabrücks mit einer großen Vergangenheit der Schwerindustrie. Nun sind Hochöfen normalerweise nicht zu besichtigen und kulturell von randständigem Interesse, aber im **Museum Villa Stahmer** ist alles Wissenswerte und Interessante über den Ort, seine Geschichte und Industrie dargestellt. Zum Beispiel findet man die Herkunft des Namens erläutert: Der »Georgs-Marien-Bergwerks- und Hüttenverein« wurde 1856 in Hagen gegründet und stand unter dem Patronat von König Georg V. von Hannover und dessen Gemahlin Marie. Im Jahre 1860 verlegte man das Werk hierher und benannte den entstehenden Ort nach dem Werk, auch kurz »GMHütte« genannt. In dem modernen Werk wurde zum ersten Mal weltweit das Bessemer Verfahren zur Erzeugung hochwertigen Stahls angewandt. Das stattliche Haus gehörte dem Unternehmer Robert Stahmer (1859–1926), dessen Vater Carl Stahmer von 1864–86 intensiv mit dem Georgs-Marien-Bergwerks- und Hüttenverein verbunden war. Nach 1886 blieb das Unternehmen Carl Stahmer AG weiterhin seinem Schwerpunkt als Zulieferbetrieb für die Eisenbahn treu und baute Stellwerke, Schranken, Signalanlagen u. a. Schwerpunkt des **Georgsmarienhüttenwerks** war neben der Stahlherstellung der Eisenbahnoberbau, insbesondere der Schienen. Wesentliche Innovationen im Eisenbahnoberbau gingen auf **August Haarmann** zurück, ab 1872 Direktor des Stahlwerks Osnabrück und seit 1890 Generaldirektor des neuen Werks, einer Fusion des Stahlwerks Osnabrück und der Georgsmarienhütte. Das Museum zeigt eine einzigartige Sammlung von Schienen seit Beginn bis heute, ferner die Geschichte der Stahlverarbeitung in Georgsmarienhütte. Breiten Raum nehmen die regionalen Aspekte ein, z.B. Ur- und Frühgeschichte, bäuerliche Kultur und Handwerk.

Museum Villa Stahmer
Carl-Stahmer-Weg 13, 49124 Georgsmarienhütte, Tel. 05401-40755, Öffnungszeiten: Di u. Do 9–12, 15–18 Uhr, So 10–13, 15–18 Uhr

Auf der B 51 führt die Route nun geradewegs über den Teutoburger Wald. Der Kamm ist schneller erreicht, als man erwartet. Zu beiden Seiten erstreckt sich der **Osning**, Teil des Teutoburger Waldes. Rechter Hand erhebt sich im Iburger Wald der **Dörenberg**, mit 331 Metern die höchste Erhebung des nördlichen Teutoburger Waldes. Vom Hermannsturm auf seinem Gipfel liegt einem die Umgebung zu Füßen, Bad Iburg, Osnabrück und das Wiehengebirge eingeschlossen. Verschiedene Wege führen dorthin, z.B. von der B 51 kurz vor Bad Iburg über die Gaststätte »Zum Dörenberg« oder vom Wanderparkplatz »Urberg-Grafsundern« an der Landstraße Bad Iburg-Hagen, wo ein sechs Kilometer langer Wanderweg zum Hermannsturm beginnt.

Und schon geht es bergab nach **Bad Iburg**, dem jüngsten **Kneippheilbad** des Osnabrücker Landes. Hoch auf dem Berg thront **Schloß Iburg**, die frühere Burg und Residenz der Bischöfe von Osnabrück mit dem ehemaligen Benediktinerkloster St. Clemens. Eine erste Festung wurde von Bischof Benno I. (1052-67) am Platz einer sächsischen Burg angelegt und von Bischof **Benno II. (1068–88)**, einem der wichtigsten Vertrauten König Heinrichs IV., zur Residenz der Osnabrücker Bischöfe ausgebaut. Benno II. versah im Reich wichtige Aufgaben: Er begleitete seinen König 1077 auf dem schweren Gang nach Canossa, rettete den Dom zu Speyer vor den Überschwemmungen des Rheins und ging als Baumeister des Reiches in die Geschichte ein. Wichtige Kirchenbauten in Osnabrück entstanden unter seiner Aufsicht. Er war ein begnadeter Redner, der seine Zuhörer notfalls sehr manipulierte, und wußte sich in heiklen Lagen gut zu helfen: Um sich einer unangenehmen politischen Abstimmung zu entziehen, versteckte

➢ Das Eingangsportal zur Kloster-Kirche der Iburg

er sich z.B. in einem Schrank und hörte seinen Bischofskollegen zu, die nach ihm suchten. Nach der Abstimmung tauchte er wieder auf. Um Ansprüche des Klosters Corvey im Emsland abzuwenden, scheute er selbst vor umfangreichen Urkundenfälschungen nicht zurück. Der Mann hatte Biß, und selbst einer Belagerung der Iburg 1082 trotzte er erfolgreich.

Soviel zu Benno II. Doch wir sind noch unten im Ort und parken gegenüber dem **Rathaus**, dem früheren Sitz des fürstlichen Gohgrafen. Gegenüber erwartet das **Uhrenmuseum** zeitbewußte Besucher. Unweit des Rathauses steht das **Denkmal Bennos II.**, des großen Bischofs. Er trägt den Speyerer Dom in der Rechten und sieht über die Schloßstraße hinweg, hoch zu seiner Iburg. Der ganze Ort liegt in seinem Blickfeld. Kurzum, Benno ist in der Stadt unvergessen.

Bad Iburg erfreut sich eines regen Tourismus, wie man auch an den Kunsthandwerk- und Andenkenläden in der Schloßstraße erkennen kann. Links der Flaniermeile erhebt sich die **Stadtkirche St. Nikolaus** von 1250, in der eine Annengruppe aus der Werkstatt des Meisters von Osnabrück und drei Sandstein-Epitaphien von Adam Stenelt aus Osnabrück zu sehen sind. Vorbei an der Kurverwaltung, führt die Route hoch zur Iburg. Kurz vor dem Schloßtor erstreckt sich linker Hand der **Dingplatz** mit seinen sieben Gerichtslinden, auf dem nach 1225 das Gogericht tagte. Dort wurden 1535 die führenden Wiedertäufer aus Münster, Knipperdolling, Jan van Leyden und Kersting, zum Tode verurteilt. Ob unter diesen Linden, ist fraglich, dazu sind sie doch entschieden zu jung. 1583 wurden an dieser Stelle 20 Frauen als Hexen verurteilt. Der Strafpfahl aus dem 16. Jh. steht noch, an dem Verurteilte angekettet waren, der Spottlust der Bewohner ausgeliefert. Jenseits des Schloßtores erstreckt sich rechter Hand der Bau des Benediktinerklosters aus dem 18. Jh., ein Werk des Kölner Baumeisters Johann Conrad Schlaun. Dann erreicht man das **Torhaus** mit der lutherischen **Schloßkapelle**. Dort ist auch der Eingang zum **Münzmuseum** der Stadt.

Die Iburg sah gute und schlechte Tage. Im 16. Jh. eroberten Osnabrücker Bürger zweimal die Burg, Philipp Magnus nahm sie 1553 ein und ließ sie plündern. Unter Bischof Philipp Sigismund (1591–1623) wurde die Burg zu einem repräsentativen Renaissanceschloß umgebaut. Im Südflügel richtete er einen Vorläufer des Rittersaals ein, ferner ließ er einen Lustgarten mit Blumen und Heilkräutern für die schloßeigene Apotheke anlegen, in dem Jahrzehnte später die fürstbischöfliche Gemahlin Sophie grundlegende Gartenkenntnisse sammelte.

Nach den Verwüstungen während des Dreißigjährigen Kriegs durch Holländer und Schweden baute Bischof Franz Wilhelm Graf von Wartenberg das Schloß wieder auf. Ruhm in der Kunst erwarb er sich durch den Ausbau des Rittersaals. Festlicher Glanz zog 1661 mit **Ernst August** ein, dem ersten protestantischen Fürstbischof, der mit seiner Gemahlin **Sophie**, der Tochter Friedrichs V. von der Pfalz und Elisabeth Stuarts, hof auf der Iburg hielt und die Schloßkapelle neben dem Torhaus errichten ließ. 1668 wurde hier Sophie Charlotte geboren, die als erste Königin Preußens

➢ Das berühmte Deckengemälde im Rittersaal der Iburg

in die Geschichte einging. Alledings war Ernst August und seiner Gemahlin, die beide auf glänzende Hofhaltung mit Festen und Theateraufführungen bedacht waren, die Iburg denn doch zu eng. **1673** verlegte Ernst August den Regierungssitz ins neue Schloß nach Osnabrück.

Der Besucher muß sich heute damit abfinden, nicht immer uneingeschränkten Zugang zu allen Räumen der Iburg zu haben, ist das Schloß doch auch Sitz des Amtsgerichts und Heimstatt der Landespolizeischule von Niedersachsen. Auch wenn die Polizei in kürze aus dem Schloß ausziehen wird, vorerst werden weiterhin nur am Wochenende Schloßführungen angeboten: Dann sind die schönen Innenräume zu sehen, für die die Iburg berühmt ist. Der prächtige **Rittersaal** steht seit neuestem Besuchern auch in der Woche offen. Für die Gestaltung zog Bischof Graf von Wartenberg süddeutsche Künstler heran, unter ihnen den Architekten Johann Krafft sowie den italienischen Maler Vitorio Andreas Aloisius Romanus. Die Bildnisse der Bischöfe existierten bereits, neu gestaltet wurde die Kassettendecke. Die gewaltigen, in strenger Zentralperspektive dargestellten Arkaden mit Zeus im Mittelpunkt sind eine einzige Verherrlichung göttlicher Macht.

Schloß Iburg
Führungen: April–Okt. Fr, Sa, So 15 Uhr, Nov.–März Sa u. So 15 Uhr, Gruppen nach Vereinbarung: Tel. 05403-796780. Öffnungszeiten Rittersaal: Mai–Okt. Mo–Do 14–16 Uhr

Schloßmuseum in der Iburg
Öffnungszeiten: Fr–So 14.30–17 Uhr, Führungen: Tel. 05403-796780

Kaum zur Geltung kommt die noch unter Benno II. begonnene (und später stark veränderte) **Klosterkirche**, die von drei Seiten vom Schlaunschen Klosterbau umgeben ist. Vor dem Kreuzaltar findet man das Hochgrab, unter dessen Liegefigur die Gebeine des großen Mannes der Kirche ruhen. Kunsthistorisch von hohem Wert ist die Grabplatte des Bischofs Gottschalk von Diepholz, der 1118 verstarb.

Die Route führt weiter nach **Bad Laer**, dem Soleheilbad im Süden des Osnabrücker Landes. Schon in der ersten Hälfte des 19. Jh. begann man, die Solequelle des Blombergs für Heilzwecke zu nutzen. Von weitem sieht man linker Hand den hell leuchtenden Bau der Kirche aus dem 19. Jh., errichtet mit dem harten Kalksinter der Umgebung. Die ursprüngliche Kirche, deren Anfänge in das 9. Jh. zurückreichen, mußte nach einem Brand erneuert werden. Die umliegenden Häuser zeigen durch Bauweise und Anordnung, daß der Ort sich als Kirchenburg entwickelte. Vor der Sparkasse erinnert die Bronzefigur eines bärtigen Leinewebers mit Hut und Stoffrolle unter dem Arm an die vor rund 200 Jahren in Laer gegründete **Legge**, wo die Bauern ihr Leinen begutachten ließen und verkauften. Daneben steht ein alter Brunnen mit vier Figuren. Ganz in der Nähe (in Richtung der ehemaligen Blombergklinik, zum Gasthof »Blombergs Höhen«) beginnt ein zwei Kilometer langer Wanderweg (Markierung »A 2«) auf den Blomberg, wo man von einem Aussichtsturm über den Teutoburger Wald sogar das Wiehengebirge erkennen kann. Am Fuße des Berges liegen die **Piepsteine**, röhrenartige Versteinerungen, entstanden durch Kalkablagerungen in Schilfstengeln. Das örtliche Heimatmuseum informiert ausführlich über die Versteinerungen der Umgebung.

Nach **Bad Rothenfelde** fährt man nur einige Kilometer. Der Ort ist eines der wichtigsten Soleheilbäder in Deutschland. Bereits unter **Ernst August II.** wurde hier nach 1724 Salz gewonnen. Durch das Rothenfelder **Salzwerk** wurde das Hochstift von teuren Salzeinfuhren unabhängig. Nachdem die Heilkraft der Sole erkannt worden war, kamen Kranke, Sieche und Erholungslustige in großer Zahl, so daß 1853 das erste Badehaus samt Trinkhalle errichtet wurde. Das beeindruckende **Kurhaus** war früher die Fabrik zur Salzgewinnung, wie auf einigen Gemälden im rechten Flügel des Gebäudes zu sehen ist. Als die Salzgewinnung nicht mehr rentabel war, stellte sich der Ort ganz auf Heilanwendungen ein. Dazu wurden zwei große Gradierwerke errichtet.

Die Konstruktion eines **Gradierwerks** besteht aus einem langen Gerüst aus Fichtenholz, in das etwa zehn Meter hoch Reisigbündel aus dem äußerst widerstandsfähigen Schwarzdorn geschichtet werden. Die an die Oberfläche gepumpte Sole rieselt an der Windseite über die Reisigpackungen und verdunstet aufgrund der großen Oberfläche sehr rasch, wodurch die Atemluft heilbringend mit Salz angereichert wird. Nach rund 40 Jahren ist der Schwarzdorn versteinert und muß ersetzt werden.

Das **Alte Gradierwerk** von 1773–76 stürzte in seinem mittleren Teil 1989 ein und mußte erneuert werden. Das **Neue Gradierwerk** stammt von 1818–24 und ist mit 415 Meter Länge und 10 Meter Höhe ein beeindruckender Bau. An den Jahreszahlen läßt sich erkennen, daß die Gradierwerke ursprünglich nicht für Heilzwecke, sondern zur Salzgewinnung gebaut wurden. Die Sole wurde auf den Gradierwerken gewissermaßen eingedickt, der Salzgehalt (die »Gradation«) stieg, so daß die Sole anschließend in den Siedepfannen gesotten werden konnte. Über die Geschichte des Ortes, die 1969 aufgegebene Saline und den Heilbetrieb informiert das **Heimatmuseum**. Dort findet man alte Fotografien, auf denen noch die Mühlen auf dem Alten Gradierwerk zu sehen sind, mit deren Hilfe bis 1926 die Sole hochgepumpt wurde. Die Kurverwaltung bietet Führungen rund um die Gradierwerke an.

Dr.-Bauer-Heimatmuseum
Wellengartenstr. 10,
49214 Bad Rothenfelde
Tel. 05424-69423, Öffnungszeiten: Di u. Do 16–18 Uhr.

➢ Folgende Doppelseite: Am Neuen Gradierwerk

Auf dieser Route lernt der Besucher den Osten des Osnabrücker Landes kennen. Auf der A 30 kommt man an **Bissendorf** vorbei, einer Gründung des Klosters Corvey aus dem 10. Jh. Die **Dionysius-Kirche** wurde 1895 geweiht und hält im Innern mehr, als sie von außen verspricht: Klein, wie die Kirche von außen wirkt, vermittelt sie durch die geschickte Gestaltung der Kapellen einen Eindruck großer Weite. Bei **Bissendorf-Nemden**, zu erreichen über Himbergen, liegt **Schloß Ledenburg**, errichtet im 14. Jh., erneuert im 17. Jh. Das Anwesen wird nicht das einzige Herrenhaus auf dieser Route bleiben.

Auf der A 30 erreichen wir **Melle** (Abfahrt Melle-West). Die Stadt mit ihren über 56 Dörfern in der Umgebung zählt knapp 47.000 Einwohner und bietet dem Besucher recht viele Sehenswürdigkeiten, darunter einige bemerkenswerte Schlösser. Melle hat zwei Stadtkirchen, eine katholische und eine evangelische – gemäß der konfessionellen Regelung nach dem Westfälischen Frieden. Die Katholiken bekamen die alte St.-Matthäus-Kirche aus dem 13. Jh. zugesprochen, die Protestanten durften sich eine neue bauen. Beide stehen in unmittelbarer Nähe des Marktes, wo auch das Rathaus mit dem Fremdenverkehrsamt zu finden ist. Die **Matthäus-Kirche** wurde mehrfach stark umgebaut, hat aber immer noch Bauteile aus der Gründungszeit aufzuweisen, z.B. das romanische Südportal. Die Orgel wurde 1713 angefertigt, ursprünglich für die Dominikanerkirche in Osnabrück. Die **St.-Petri-Kirche**, die zweite katholische Kirche an dieser Stelle, wurde nach 1721 mit Unterstützung des Fürstbischofs Ernst August II. errichtet, dessen Wappen im Chorgewölbe zu sehen ist.

Melle ist umgeben von einer ganzen Anzahl von **Schlössern** und Herrenhäusern, die alle noch bewirtschaftet werden und daher nur aus der Ferne zu besichtigen sind. Allenfalls kann man sich dem Anwesen ein paar Schritte nähern. Man achte daher bei einem Besuch auf Hinweise und Verbotsschilder.

Eines der schönsten Schlösser ist **Gesmold** im Westen von Mel-

➢ Schloß Gesmold bei Melle

le, unmittelbar an der Autobahn. Die Wasserburg wurde nach 1200 angelegt, in die Mitte des 16. Jh. fällt der Umbau zum Renaissance-Schloß. Man darf die Anlage durch das barocke Torhaus (1667) betreten, so daß man das Gartenparterre mit den Plastiken linker Hand einsehen kann. Es ist geradezu ärgerlich, wie nah die Autobahn an die Anlage herangebaut wurde. Rechts liegen die Wirtschaftsgebäude. Vom Schloß sieht man nur den östlichen Flügel mit dem Haupttor. Über das Dach lugt die Spitze des um 1200 errichteten, steinwerkähnlichen Wohnturms, dessen Mauern 2,60 Meter stark sind. Das Schloß, einst Tafelgut der Osnabrücker Bischöfe, befindet sich seit 1664 im Besitz der Familie von Hammerstein. Bis weit ins 19. Jh. war Gesmold der vornehmste Adelssitz des Osnabrücker Landes. Am Rande sei erwähnt, daß südlich des Dorfes Gesmold die **Hase-Bifurkation** liegt, die Gabelung des Flusses in die Else, die in die Weser mündet, und in die der Ems zufließenden Hase. Um die Verteilung des Wassers hat es jahrhundertelang Streit gegeben. Heute hat ein Betonteiler die Regulierung übernommen: zwei Drittel fließen in die Hase, ein Drittel in die Else.

Ebenfalls herausragend ist **Gut Bruche** im Osten der Stadtmitte, südlich der Bahnlinie. Die Wasserburg mit dem barocken Herrenhaus hat elf Achsen und wirkt aufgrund des Mittelrisalits, der Flügelbauten und des Cour d'honneur sehr repräsentativ. Zum größten Teil von einer Graft umgeben, ist das Anwesen durch eine Vorburg mit zwei Türmen gesichert.

Melle bietet aber noch viel mehr, z.B. altes Fachwerk und einige Mühlen. Im Grönenbergpark wurde in einigen alten Fachwerkhäusern das **Grönegau-Museum** eingerichtet, das über die gesamte Region informiert. Zu sehen sind im historischen Kornspeicher von 1771 bürgerliche Hauskultur, bäu-

➢ Turm der Vorburg von Gut Bruche

erliches Leben, Trachten und Textilien, Gildetruhen aus dem 17. und 18. Jh. u. a. Im benachbarten Heuerlingshaus von 1655 findet der Besucher historische Werkstätten sowie eine alte Bockemühle. Auch ein Backhaus aus dem 16. Jh. ist zu sehen. Im Ort gibt es ferner ein sehenswertes **Automuseum**.

- **Grönegau-Museum Melle** Friedrich-Ludwig-Jahn-Str. 8/12, 49324 Melle, Tel. 05422-5425; Öffnungszeiten: April–Okt. Mi, Sa, So 15.30–17.30 Uhr

- **Automuseum Melle**, Pestelstr. 38–40, 49324 Melle, Tel. 05422-46838; Öffnungszeiten: Sa 14–18 Uhr, So 10–18 Uhr

Auf dem Weg nach Barkhausen kommt man bei der Ortschaft Buer recht nah am **Gut Ostenwalde** vorbei. Das stattliche Anwesen ist nicht gar so alt wie manch anderes Herrenhaus im Lande. Der Westflügel stammt von 1700, der Mittelbau aus dem Jahre 1780, der malerische Anbau im Osten wurde um 1900 errichtet. Seit 1316 ist Schloß Ostenwalde in der Hand der Familie von Vincke - eine Kontinuität die für Herrensitze allgemein und für die des Osnabrücker Landes im besonderen eine Ausnahme ist. 1945-57 wurde das Schloß von den Oberkommandierenden der Britischen Besatzungszone und Rheinarmee bewohnt, darunter Feldmarschall Montgomery und Luftmarschall Douglas. Von Buer aus führt die Route auf der Landstraße 83 über das Wiehengebirge nach **Barkhausen** und weiter nach Bad Essen. Unterwegs, einen Kilometer südlich von Barkhausen, liegen im Huntetal die berühmten **Saurierfährten**. Der Platz ist ausgeschildert, und ein Parkplatz ist auch vorhanden. Knapp zweihundert Meter westlich der Straße findet man das einzigartige Naturdenkmal aus der Kreidezeit vor 120 Millionen Jahren.

In einem Steinbruch am Linner Berg fanden Arbeiter 1921 die Spuren der Riesenechsen. Die Trittsiegel finden sich auf einer Steilwand, die 58 Grad nach Nordosten abfällt. Fossilienforscher meinen, daß die Spuren aus einem Wildwechsel stammen, auf dem die Tiere regelmäßig zwischen ihrer Schlafstätte und ihrem Freßplatz hin und her wanderten. Es handelt sich um die Fußabdrücke des pflanzenfressenden Elephantopoides barkhausenensis und der auf den Hinterläufen schreitenden Raubechse Megalosauropus teutonicus, erkennbar an ihren drei Zehen. Nach der Schrittlänge von 1,30 bis 1,50 Meter zu urteilen, war Elephantopoides barkhausenensis etwa 13 Meter groß. Die amphibischen Dinosaurier lebten an Land und im Schlamm eines tropischen Wattenmeeres. Die Trittspuren wurden überschwemmt und von Sedimenten überlagert, zu festem Gestein gepreßt und durch die Auffaltung des Wiehengebirges vor 70 Millionen Jahren in eine fast senkrechte Lage gekippt. Man könnte nun annehmen, daß die Tiere zu ein und derselben Zeit lebten und daß vielleicht die hungrige Raubechse den behäbigen Pflanzenfresser verfolgte. Aber weit gefehlt. Fachleute meinen, daß zwischen den Spuren ein Abstand von ein paar Millionen Jahren liegt.

➢ Wanderer bei den Saurierfährten in Barkhausen

Also, kein Dinosaurierdrama im Huntetal.

Nach wenigen Kilometern ist **Bad Essen** erreicht, das bekannte Thermal-Soleheilbad am Nordrand des Wiehengebirges. Der Badebetrieb setzte bereits in der zweiten Hälfte des 19. Jh. ein. Der Mittellandkanal, der hier in südöstlicher Richtung verläuft, liegt ganz nah am Stadtzentrum. Hat Melle die schönsten Schlösser und Herrenhäuser auf seinem Stadtgebiet, darf das Heilbad mit dem schönsten **Kirchplatz** im Osnabrücker Land glänzen. Hier stimmt alles: Das Längsoval des Platzes ist von zweistöckigen Fachwerkhäusern umgeben und mit stattlichen Linden ansehnlich geschmückt. Eines von ihnen, ein ehemaliger Wehrspeicher aus dem 17. Jh., birgt ein nettes Café, das sich »Das kleine Haus« nennt. Im Innern sind wertvolle historische Wandfliesen-Tableaus mit Tiermotiven erhalten, die von den »Koninklijken Makkumer Aardewerken« von 1641 gebrannt wurden.

Ganz im Südwesten des Kirchplatzes erhebt sich die schlichte **Nikolaikirche**, ein weißer Putzbau mit Ziegeldach und einem Turm mit barockem Helm. Der Bau aus dem 14. Jh. hat an der Südseite ein respektables Renaissanceportal und Grabplatten der Familie von dem Bussche samt lebensgroßen Reliefs. Im Kircheninnern trifft man auf einigen herausragenden Epitaphien ebenfalls auf den Namen des Adelsgeschlechts der von dem Bussche. Die Grabmale für Albrecht und Georg Clamor von dem Bussche werden dem Osnabrücker Künstler Adam Stenelt zugesprochen.

Auf der B 65 erreicht man zügig wieder Osnabrück – es sei denn, man will eine Besichtigung des historischen Ortes der Varusschlacht anschließen. Dazu sollte man an der Kreuzung der B 65 und B 51 die Fahrt geradeaus in Richtung Bramsche fortsetzen (B 218). Hinter Venne liegt der ausgeschilderte Platz rechts der Straße.

➢ Saurierspuren in Steilhanglage

Informationen
A–Z

Informationen von A-Z

Auskünfte
in Osnabrück

Tourist-Information Osnabrück / Osnabrücker Land, Bierstr. 22–23 (49074), Tel. 0541-3232202, Fax 323-2709, Mo–Fr 9.30–18 Uhr, Sa 10–16 Uhr, www.osnabrueck.de

Rathaus-Information,
Zeitseeing, Bierstr. 28 (49074), Tel. 0541-3232152, Fax 0541-2020622, Mo–Fr 10–17 Uhr, Sa/So 10–16 Uhr, www.osnabrueck-stadtfuehrungen.de
Angeboten werden u.a. szenische Stadtführungen, die den Besucher zurückversetzen in das Osnabrück des 18. Jahrhunderts.

Auskünfte
im Osnabrücker Land

Tourismusverband Osnabrücker Land, Krahnstr. 52/53 (49074), Tel. 0541-951110, Fax 9511122, Mo–Fr 9–18 Uhr, Sa 9–13 Uhr, www.osnabruecker-land.de

Tourist-Information Bad Essen, Lindenstraße 39 (49152), Tel. 05472-94920, Fax 949285, www.badessen.de

Tourist-Information Bad Iburg, Schloßstraße 20 (49186), Tel. 05403-796780, Fax 6025 www.badiburg.de

Tourist-Information Bad Laer, Glandorfer Straße 5 (49196), Tel. 05424-291188, Fax 291189, www.bad-laer.de

Tourist-Information Bad Rothenfelde, Am Kurpark 12 (49214), Tel. 05424-22180, Fax 2218129, www.bad-rothenfelde.de

Tourist-Information Bersenbrück, Markt 4–6 (49593), Tel. 05439-962470, Fax 962477, www.bersenbrueck.de

Tourist-Information Bramsche, im Tuchmacher Museum Bramsche, Mühlenort 6 (49565), Tel. 05461-945116, Fax 945115, www.bramsche.de

Tourist-Information Fürstenau, im Alten Rathaus, Große Str. 27 (49584), Tel. 05901-961025, Fax 961010, www.fuerstenau.de

Tourist-Information Melle, Markt 22 (49324), Tel. 05422-965312, Fax 965320, www.stadt-melle.de

Tourist-Information Quakenbrück, Lange Str. 44 (49610), Tel. 05431-907590, Fax 907276, www.artland.de

Bäder

Moskaubad,
Limberger Str. 47 (49080), Tel. 0541-84541

Nettebad (Sport- und Erlebnisbad), Im Haseesch 6 (49090), Tel. 0541-344666

Schinkelbad, Im Wegrott 37 (49084), Tel. 0541-75119, www.wasserwelt-os.de

Bahn und Busse

Deutsche Bahn AG, Reiseauskunft, Tel. 11861, www.bahn.de

Stadt- und Regionalbusse, Tel. 0541-344724, www.stadtwerke-osnabrueck.de

Feste und Feiern
in Osnabrück

2. Januar: Handgiftentag im Rathaus

Samstag vor Rosenmontag: »Ossensamstag« mit Karnevalsumzug, www.ossensamstag.de

März/April: Frühjahrsmarkt

April-Mai: European Media Art Festival, www.emaf.de

Mai: Maiwoche – Straßenfest in der Innenstadt mit Musikprogramm

Juli: Winzerfest

Anfang August: Osnabrück is(s)t gut

1. August-Wochenende: Truck Trial, Piesberg

August/September: Folk im Viertel – Volk im Viertel

August/Septemper: Morgenland-Festival – Musik aus dem Orient

August/September (nicht zwingend jährlich): Dschungelnächte im Zoo am Schölerberg, www.zoo-osnabrueck.de

August (alle sieben Jahre, 2011): Schnatgang der Heger Laischaft

Anfang September: Bergfest (Piesberg)

September: Kulturnacht

September/Oktober: Wochen der Kulturen – inter.kult

Oktober: Steckenpferdreiten der Viertklässler zum Jahrestag des Westfälischen Friedens

Oktober/November: Herbstjahrmarkt

November: Kabarett-Festival

November/Dezember: Historischer Weihnachtsmarkt

Feste und Feiern
im Osnabrücker Land

Pfingstmontag: Mühlentag im Osnabrücker Land (ca. 20 Mühlen in Aktion)

Bad Essen und Umgebung

Mai: Venner Folk Frühling in Ostercappeln-Venne, www.folkfruehling.de

Ende Mai, Anfang Juni: Gartenlust & Landvernügen im Schloß Ippenburg, www.ippenburg.de

Ende Juni: Hünnefelder Hoffestspiele

Mitte August: Historischer Markt

Bad Iburg

Ende Mai: Bennofest (Stadtfest)
verteilt über das Jahr: Kammermusik im Rittersaal des Schlosses, (Kompositionen von Brahms bis Schubert)

Bad Laer

1. Wochenende im Aug.: Fest der 1000 Fackeln

Ende Sept.: Leinewebermarkt

Bad Rothenfelde und Umgebung

Fronleichnam: Salzmarkt

Ende Juni: Rosenfest

August: Internationales Jazzfestival in Dissen

Berge/Börstel

Mai bis Sept.: Sommerkonzerte in der Stiftskirche

Bramsche und Umgebung

Ende März: Oster-Leuchten im Museum und Park Kalkriese

Alle 2 Jahre an Pfingsten (2009): Römer- und Germanen-Tage im Museum und Park Kalkriese

Mai: Stadtfest

Hagen

April: »Horses and Dreams«, Großveranstaltung für Pferde und Pferdeliebhaber auf der Reitanlage Kasselmann, www.psi-events.de

Melle

Ende August 2008 (alle zwei Jahre): Drachenfestival

Sept. bis Nov.: Kulturherbst mit über 60 kulturellen Veranstaltungen

Okt.: Puppenspielfestival

Quakenbrück und Umgebung

1. Wochenende im Sept.: Artländer Pferderennen

Sept.: Kulturschatz Artland (Besichtigung Artländer Bauernhöfe)

Flughafen

Münster Osnabrück International Airport, Hüttruper Heide 71–81, 48268 Greven, Tel. 02571-943360, www.fmo.de

Fundbüro

Stadthaus, Natruper-Tor-Wall 2 (49076),
Tel. 0541-3232471 und 3233028

Gärten, Parks und Tiere

Botanischer Garten
Albrechtstr. 29 (Westerberg),
Tel. 0541-9692739
Öffnungszeiten: April–Sept. Mo–Fr 8–20 Uhr, Sa 14–20 Uhr, So 10–20 Uhr, in den übrigen Monaten bis 16 Uhr, Sa geschl.
Tropenhaus: April–Sept. Mo, Di, Do 10–12, 13.30–18 Uhr, Sa 15–

18 Uhr, So 11–18 Uhr, in den übrigen Monaten Mo, Di, Do 10–12, 13.30–15.30 Uhr, So 11–15.30 Uhr., www.biologie.uni-osnabrueck.de/bogos/

Museum am Schölerberg – Natur und Umwelt – Planetarium, Am Schölerberg 8, Tel. 0541-560030; Öffnungszeiten: Museum: Di 9–20 Uhr, Mi–Fr 9–18 Uhr, Sa 14–18 Uhr, So 10–18 Uhr, Planetarium: Vorführungen: Di 16 u. 19.30 Uhr, Mi 15 Uhr, So 15, 16 u. 19 Uhr. www.museum-am-schoelerberg.de www.planetarium-osnabrueck.de

Zoo Osnabrück
Klaus-Strick-Weg 12, Tel. 0541-951050. Öffnungszeiten: April–Okt. tägl. 8–18.30 Uhr im Winter tägl. 9 Uhr bis 17 Uhr. www.zoo-osnabrueck.de

Gastronomie
in Osnabrück

Restaurants
Alte Posthalterei, Hakenstr. 4 (49074), Tel. 0541-22292; tägl. 10–24 Uhr, Restaurant mit nettem Straßencafé. Deutsche Küche, ständig wechselnde Mittagskarte.

Joe's Saloon, Johannisstr. 92–93 (49074), Tel. 0541-3504590; tägl. 18–24 Uhr. Amerikanische Küche.

1. Osnabrücker Kartoffelhaus, Bierstr. 38 (49074), Tel. 0541-21172. Mit Straßenrestaurant. Kartoffelgerichte aus aller Welt, Aufläufe und Pfannengerichte, vegetarische Gerichte.

Maredo, Markt 13–14 (49074), Tel. 0541-29098, tägl. ab 11.30 Uhr. Steakhaus.

Osnabrücker Pizza-Haus, Markt 25 (49074), Tel. 0541-3309474, tägl. ab 11 Uhr. Große Pizzeria über zwei Etagen mit Wintergarten.

Hausbrauerei Rampendahl, Hasestr. 35 (49074), Tel. 0541-24535. tägl. ab 11 Uhr. www.rampendahl.de Das Restaurant bietet deftige deutsche Küche, passend zum Bier aus eigener Brauerei. Die Brauerei kann besichtigt werden.

Ratskeller, Markt 30 (49074), Tel. 0541-23388; Mo–Sa ab 12 Uhr. Internationale Küche, vegetarische Gerichte, mit Straßenrestauration.

Remarques Küche, im Steigenberger Hotel Remarque, Natruper-Tor-Wall 1 (49076), Tel. 0541-6096628, www.osnabrueck.steigenberger.de, Mediterrane und euro-asiatische Speisen.

La Vecchia Citta, Bierstr. 32 (49074), Tel. 0541-25006; Di–So 12–14.30 Uhr, 18–24 Uhr, www.lavecchiacitta.de, Italienisches Restaurant der gehobenen Art.

La vie, Krahnstr. 1–2 (Zufahrt über Bierstraße) (49074), Tel. 0541-331150; Di–Sa ab 18.30 Uhr (last order 21 Uhr). www.restaurant-lavie.de
Gourmet-Restaurant mit Meeresfrüchten und vegetarischen Speisen

im Angebot. Restaurant des Jahres 2006. Rauchen in der Lounge möglich.

Walhalla, Bierstr. 24 (49074), Tel. 0541-3491142. www.walhalla.de, Restaurant des stadtbekannten Hotels. Deutsche Küche, vegetarische Gerichte, Biergarten.

Cafés

Café am Markt, Am Markt 26 (49074), Tel. 0541-26935; Mo–Sa 8.30–19.30 Uhr, So ab 9 Uhr. Frühstück, kleine Speisen, Straßenrestauration.

Café Läer, Krahnstr. 4 (49074), Tel. 0541-22244; Mo–Fr 8–18.30 Uhr, Sa 7.30–16 Uhr. Das Haus spielte beim Friedenskongress 1643-48 eine gewisse Rolle.

Leysieffer, Krahnstr. 41 (49067), Tel. 0541-338150; Mo–Fr 8–19 Uhr, Sa 7.30–18 Uhr, So Ruhetag; tägl. wechselndes Speiseangebot.

StadtGalerieCafé, Große Gildewart 14 (49074), Tel. 0541-3574177; tägl. 11–20 Uhr. Hausgemachte Kuchen und gute Suppen bei stilvoller Maschinenhallen-Atmosphäre. Ständig wechselnde Ausstellungen Osnabrücker Künstler.

Weinstuben

Weinkrüger, Marienstr. 18 (49074), Tel. 0541-23353. Mehr als eine Weinstube. Mo–Fr 17–1 Uhr, Sa–So 12–1 Uhr. Gutbürgerliche Gerichte und gute Weine.

Gastronomie
im Osnabrücker Land

Bad Essen und Umgebung

Café Das kleine Haus, Kirchplatz 29 (49152), Tel. 05472-2878; tägl. 9–23 Uhr. Teehaus mit 60 Sorten im Angebot, Kaffee-Spezialitäten, kleine Karte mit warmen Gerichten.

Café Schloß Hünnefeld, Alte Rentei (49152), Schloß Hünnefeld, Tel. 05472-4962, Mo–Fr 15–18.30 Uhr, Sa/So 11–18.30 Uhr.

Bad Iburg und Umgebung

Altes Gasthaus Fischer-Eymann, Schloßstr. 1 (49186), Tel. 05403-311, tägl. 8–22/23 Uhr.

Zum Urberg, Amtsweg 19 (49186), Tel. 05403-2440; tägl. 8–22/23 Uhr.

Zur Bauernschänke, Hardelager Str. 2, 49638 Nortrup, Tel. 05436-1652; ab 15 Uhr, Mittwoch Ruhetag.

Zum Forellenkotten, Forellental 1, 49170 Hagen, Tel. 05401-90105; Do Ruhetag. Forellen frisch und geräuchert.

Gausenest, Am Plessen 1, 49205 Hasbergen, Tel. 05405-5879; Mo–Fr ab 17 Uhr, Sa, So und Feiertag ab 11.30 Uhr.

Bad Laer

Storck, Paulbrink 4 (49196), Tel. 05424-9008; ab 18 Uhr, Mo Ruhetag.

Westerwieder Bauernstube, In den Höfen 3 (49196), Tel. 05424-

9402; Mi–Sa ab 15 Uhr, So und Feiertag auch mittags.

Bad Rothenfelde

Zur Post, Frankfurter Str. 2 (49214), Tel. 05424-21660. Tägl. geöffnet.

Café Strathmann, Frankfurter Str. 14 (49214), Tel. 05424-4413. Tägl. geöffnet, kleine Karte mit warmen Gerichten.

Bramsche und Umgebung

Alte Post, Am Markt 1 (49565), Tel. 05461-1233; tägl. ab 11 Uhr, Mo Ruhetag; Altes Fachwerkhaus (1688) in der Altstadt von Bramsche.

Café Harmonie, Vor den Höfen 4 (49565), Tel. 05461-5101; Mi, Do, Sa u. So 14–18.30 Uhr

Gasthof Schlatsburg, Bramscher Allee 111 (49565), Tel. 05468-395; Mo, Di und Mi ab 17 Uhr, Fr, Sa/So 10–14 Uhr und ab 17 Uhr, Do Ruhetag. An der Landstraße zur Autobahn gelegen (A1, Anschlußstelle Bramsche).

Alte Küsterei, Kirchplatz 6, 49134 Wallenhorst, Tel. 05407-857870; Mi–So ab 18 Uhr.

Rohdes Heuerhaus, Große Wittefelderort 10, 49597 Rieste, Tel. 05464-5468; Mi–So ab 14 Uhr.

Melle und Umgebung

Heimathof, Fr.-Ludwig-Jahn-Str. 10 (49324), Tel. 05422-5561; Di–So ab 11 Uhr.

Die Knolle, Markt 22, 49324 Melle, Tel. 05422-48488, tägl. geöffnet. Das »urige Kartoffelhaus« liegt zentral in Melle.

Gasthof Zittertal, An der Zitterquelle 1, 49143 Bissendorf, Tel. 05402-3622; Mi–Fr ab 15 Uhr, Sa, So und Feiertag ab 12 Uhr, Mo u. Di Ruhetag.

Wasserschloß Schelenburg, Burgweg 1, 49143 Bissendorf-Schledehausen, Tel. 05402-7444; Mi–Sa ab 15 Uhr, So und Feiertag ab 12 Uhr. Regionale und vegetarische Gerichte; Terrasse am Wasser.

Quakenbrück und Umgebung

Heimatstube, Alenconerstr. 8 (49610), Tel. 05431-6676; Di–So 12–14 Uhr u. ab 18.30 Uhr.

Alte Stifts-Schänke Börstel, 49626 Berge-Börstel, Tel. 05435-418; Di–Fr ab 14.30 Uhr, Sa/So ab 11 Uhr, im Juli und August Di–So auch Mittagstisch.

Elting's Backhaus-Café, Vehser Str. 7, 49635 Badbergen, Tel. 05433-279; Mi–Sa ab 11 Uhr, So ab 9.30 Uhr. Nettes Café auf einem Fachwerk-Bauernhof. Gute Kuchenauswahl.

Kino

Cinema-Arthouse, Erich-Maria-Remarque-Ring 16 (49074), Tel. 0541-600650, www.cinema-arthouse.de

Cinestar – Der Filmpalast, Theodor-Heuss-Platz 6–9 (49074), Tel. 0541-3303710

Filmtheater Hasetor, Hasestr. 71 (49074), Tel. 0541-23777, www.cinema-arthouse.de

Lagerhalle, Rolandsmauer 26 (49074), Tel. 0541-338740

UFA Filmpassage, Johannisstr. 112–113 (49074), Tel. 0541-28888

Kneipen und Discos
in Osnabrück

Alando-Palais, Pottgraben 58–60 (49074), Tel. 0541-3502700, Do ab 18 Uhr, Fr/Sa ab 21 Uhr. www.alando-palais.de, Mediterrane Küche, Biergarten, viermal im Monat Livemusik.

Blue Note, Erich-Maria-Remarque-Ring 16 (im Cinema-Arthouse) (49074), Tel. 0541-600650. Mo/Di geschlossen. Jazz-Keller mit Live-Auftritten.

Grüne Gans, Große Gildewart 15 (49074), Tel. 0541-23914, tägl. ab 18 Uhr. Kneipe in der Osnabrücker Altstadt. Preiswerte Gerichte, legendär der »Flotte Dreier«: kleines Pfeffersteak, Bier und Korn.

Lagerhalle, Rolandsmauer 26 (49074), Tel. 0541-338740; tägl. abends, So auch ab 9.30 Uhr. Groß-Kneipe mit umfangreichem Angebot: internationale Küche, vegetarische Gerichte, Billard, Biergarten, Live Musik, Spiele. An jedem 3. Freitag im Monat »Dance Hall Day«. Programm: www.lagerhalle-osnabrueck.de

Olle Use, Heger Str. 17 (49074), Tel. 0541-24475; Di–So 11–1 Uhr. Eine der ältesten Kneipen in Osnabrück, nahe beim Rathaus.

Alte Wirtschaft Peitsche, Heger Str. 1 (49074), Tel. 0541-8005544; Mo–Sa ab 15 Uhr. Uralt-Kneipe in der Osnabrücker Altstadt, Do Campustag für Studenten.

Stiefel, Heger Str. 4–5 (49074), Tel. 0541-22676; tägl. ab 19 Uhr. Kneipe in der Osnabrücker Altstadt. Kleine Speisekarte.

Zwiebel, Heger Str. 34 (49074), Tel. 0541-23673; Mo–Sa ab 18 Uhr. Kneipe in der Osnabrücker Altstadt, unmittelbar am Heger Tor. Donnerstags mit Live-Musik.

Kneipen und Discos
im Osnabrücker Land

Bad Rothenfelde

Zur Eule, Osnabrücker Str. 69 (49214), Tel. 05424-4811, Fr/Sa ab 19 Uhr, So ab 16 Uhr. Disco für mittlere Jahrgänge

Jazz-Club im historischen Bahnhof Dissen-Bad Rothenfelde, Bahnhofstr. 66, Tel. 05421-2863.

Museen und Ausstellungsorte
in Osnabrück

Bucksturm, Bocksmauer (49074), Tel. 0541-3232152; So 11–17 Uhr, Führungen So 12 u. 15 Uhr.

Domschatzkammer und Diözesanmuseum, Domhof 12, Osnabrück, Tel. 0541-318481; Öffnungszeiten: Di–Fr 10–13, 15–17 Uhr, Sa/So 11–14 Uhr.
www.bistum-osnabrueck.de/dioezesanmuseum.html
Das Diözesanmuseum zeigt kirchliche Kunstschätze, Stein- und Holzskulpturen des 12.–18. Jh., kirchliches Mobiliar, liturgische Gewänder, spätgotische westfälische Tafelmalerei u. a. Sehr zu empfehlen sind die Werke aus der Werkstatt des »Meisters von Osnabrück«, einer der bedeutendsten Bildhauerwerkstätten der Spätgotik. Auch die im Jahre 2004 erstmals gezeigte rechte Elle Karls des Großen sowie sein sogenanntes Schachspiel aus Bergkristall sind zu sehen. In der Domschatzkammer ruhen sakrale Geräte des 11.–18. Jh., Meisterwerke der Goldschmiedekunst, Tragaltäre – und die bedeutendsten Heiligtümer der Bischofskirche: die Reliquien des Heiligen Kreuzes und der hl. Märtyrer Crispin und Crispinian, der hl. Regina, der hl. Cordula und des hl. Permerius in Schreinen.

Felix-Nussbaum-Haus, Lotter Str. 2 (49078), Tel. 0541-3232207; Di–Fr 11–18 Uhr, Sa, So 10–18 Uhr. Die weltweit größte Sammlung von Werken des Malers Felix Nussbaum ist in einem atemberaubenden Museumsneubau des Architekten Daniel Libeskind zu sehen. Wechselausstellungen. Zum Museum gehören die Villa Schlikker und das Akzisehaus mit dem Museumsladen.

Kulturgeschichtliches Museum Osnabrück, Lotter Str. 2 (49078), Tel. 0541-3232207; Di–Fr 11–18 Uhr, Sa u. So 10–18 Uhr. Exponate zur Vor- und Frühgeschichte, Geschichte des Bistums und der Stadt, Sammlungen zur Kunst- und Kulturgeschichte, 200 Graphiken Dürers, niederländische »Kleinmeister«, ferner ein Münzkabinett und eine bedeutende Kollektion Ptolemäischer und Alexandrinischer Gepräge.

Kunsthalle Dominikanerkirche, Hasemauer 1 (49074), Tel. 0541-3232190; Di–Fr 11–18 Uhr, Sa, So 10–18 Uhr. Gotische Hallenkirche mit Wechselausstellungen v.a. zeitgenössischer Kunst.

Museum am Schölerberg – Natur und Umwelt – Planetarium, Am Schölerberg 8 (49082), Tel. 0541-560030; Museum: Di 9–20 Uhr, Mi–Fr 9–18 Uhr, Sa 14–18 Uhr, So 10–18 Uhr, Planetarium: Vorführungen: Di 16 u. 19.30 Uhr, Mi 15 Uhr, So 15, 16 u. 19 Uhr.

Museum Industriekultur, Haseschachtgebäude, Fürstenauer Weg 171 (), Tel. 0541-122447; Mi–So 10–18 Uhr, Führung So 14.30 Uhr.
www.industriekultur-museumos.de

Piesberger Gesellschaftshaus, Glückaufstr. 1 (49090), Tel. 0541-1208888; nach Anmeldung., www.piesberger-gesellschaftshaus.de

Osnabrücker Dampflokfreunde e.V., Kontakt: Albert Merseburger, Am Friedhof 6, 49477 Ibbenbüren, Tel. 05451-13162 und Michael Becker, Rotdornweg 30, 49479 Ibbenbüren, Tel. 05451-504870. Zechenbahnhof Piesberg, Süberweg 60e, Osnabrück Pye, Tel. 0541-1208808., www.osnabruecker-dampflokfreunde.de
Der Verein veranstaltet jedes Jahr Nostalgiefahrten mit historischen Zügen ins Umland. Zugpferd ist die Stangendiesellokomotive V 65 001 von 1956 aus der Baureihe V 65/265. Als Personenwagen dienen verschiedene Plattformwagen der 3. und 4. Klasse, die sogenannten Donnerbüchsen, die zwischen 1923 und 1929 gebaut wurden. Rarität ist der Wendezug-Befehlswagen von 1927.

Rathaus, Markt (49074), Tel. 0541-3232152; Mo–Fr 8–18 Uhr, Sa 9–16 Uhr, So 10–16 Uhr, Rathausführung mit anschließender Altstadtführung (Dauer: 1,5 Stunden): Mi 13.30 Uhr, Sa 11 und 12 Uhr, So 12 und 14.30 Uhr: Mit Friedenssaal (Gemäldegalerie, Kronleuchter, Gestühl, historischen Tresoren), Ratsschatzkammer (Kaiserpokal), Stadtmodell (erste Etage) und einer kleinen, aber feinen »Rathaus-Information«, die auch über die Stadt informiert.

Erich Maria Remarque-Friedenszentrum Osnabrück, Markt 6–7 (49069), Tel. 0541-3232109 und 9692448; Di–Fr 10–13, 15–17 Uhr, Sa, So 11–17 Uhr. Ständige Ausstellung zu Leben und Werk des Schriftstellers Erich Maria Remarque; www.remarque.uos.de

Museen und Ausstellunsorte
im Osnabrücker Land

Bad Iburg und Umgebung

Averbecks Speicher, Averbecks Hof 5, Bad Iburg/Glane, Tel. 05403-780486; Öffnungszeiten: Mi, So 15–17 Uhr; Textilkundliche Dauerausstellungen, Hof- u. Dorfgeschichte, Siedlungsmodell 11. Jh., Objekte archäologischer Grabungen. www.heimatverein-glane.de/speicher1.htm

Schloß Iburg
Führungen: April–Okt. Fr, Sa, So 15 Uhr, Nov.–März Sa u. So 15 Uhr, Gruppen nach Vereinbarung: Tel. 05403-796780. Öffnungszeiten Rittersaal: Mai–Okt. Mo–Do 14–16 Uhr.

Schloßmuseum in der Iburg, Öffnungszeiten: Fr–So 14.30–17 Uhr, Führungen: Tel. 05403-796780.

Uhrenmuseum, Am Gografenhof 5, Bad Iburg, Tel. 05403-2888; Öffnungszeiten: Mo–So 10–18 Uhr. 300 Jahre Geschichte der Uhr mit 800 Uhren, 17 Kirchturmuhren und der größten Taschenuhr der Welt.

Bad Laer

Heimatmuseum, Kesselstr. 4 (49196),Tel. 05424-291112 und 9313; Mi 15–17 Uhr, So 10–12 Uhr. Alles Wissenswerte über das Dorf Laer und seinen Aufstieg zum bekannten Heilbad. Schwerpunkte sind das Leinengewerbe und die Versteinerungen aus versintertem Schilf des Blombergs.

Bad Rothenfelde

Dr.-Bauer-Heimatmuseum, Wellengartenstr. 10 (49214), Tel. 05424-69423; Di u. Do 16–18 Uhr. Das Museum informiert über die Geschichte des Ortes Rothenfelde, die 1969 aufgegebene Saline und den Heilbetrieb in Bad Rothenfelde.

Bersenbrück

Museum des Landkreises Osnabrück im Kloster, Stiftshof 4 (49593), Tel. 05439-441; Di–Fr 9–12, 14–17 Uhr, Sa/So 14–17 Uhr. Schwerpunkt des Museums ist der Altkreis Bersenbrück und das Artland zwischen Bersenbrück, Fürstenau und Quakenbrück. Die Bestände wurden von Hermann Rothert angelegt, dem ehemaligen Landrat, und umfassen vor- und frühgeschichtliche Funde, kirchliche Kunst, bäuerliches Handwerk, Ackergeräte, Töpferei, Kunsthandwerk, die Gemäldegalerie der Kommenden Lage u. a.

Bramsche und Umgebung

Tuchmacher Museum Bramsche, Mühlenort 6 (49565), Tel. 05461-94510; Di–So 10–17 Uhr; www.tuchmachermuseum.de

Museum und Park Kalkriese, Varusschlacht im Osnabrücker Land, Venner Str. 69, Bramsche-Kalkriese, Tel. 05468-92040, Öffnungszeiten: April-Okt. tägl. 10–18 Uhr, Führungen tägl. 15 Uhr, So u. Feiertage auch 11 Uhr, Familienführung und Kinderprogramm am ersten So im Monat um 14.30 Uhr. Nov.–März Di–So 10–17 Uhr, Führungen Mi u. Sa 14.30 Uhr, So u. Feiertage 11 und 14.30 Uhr, Familienführung und Kinderprogramm am ersten So im Monat um 14 Uhr. www.kalkriese-varusschlacht.de

Venner Mühle mit Dorfmuseum, Osnabrücker Str.4, 49179 Ostercappeln-Venne, Tel. 05476-1272; Mai–Sept. So 11–17 Uhr; Mühlentechnik, bäuerliche Handgeräte, Besonderheiten des Moores, Kirche in Venne, Sonderveranstaltungen.

Fürstenau und Umgebung

Stift Börstel mit Museum, Berge-Börstel, Tel. 05435-95420; Führungen durch das Stift: April–Okt. Sa, So u. Feiertag 11, 15 und 16 Uhr., www.boerstel.de

1246 erstmals als Stiftung der Oldenburger Grafen erwähnt, wurde das Zisterzienserinnenkloser 1251 in den Börsteler Wald verlegt. Die frühgotische Klosterkirche St. Marien bietet zwei Attraktionen: den Kreuzgang und einen barocken Altar von 1710 aus der Werkstatt von Thomas Jöllemann. Das Kloster wird heute von einem weltlichen Damenstift geleitet. In einem Nebenraum der Kirche hinter dem Kapitelsaal befindet sich ein kleines Stiftsmuseum, wo man sich anhand von mittelalterlichen Urkunden, Ahnentafeln und alten Büchern über die Geschichte des Klosters informieren kann. Von Interesse sind die Informationen über die 1963 in der Altarplatte der Klosterkirche gefundenen Figuren aus dem 13., 14. und frühen 16. Jh., u. a. ein Gnadenbild (Muttergottes) von 1230, eine Nikolausfigur aus dem 13. Jh., zwei Heiligenfiguren von 1360, eine Anna selbdritt und ein Schmerzensmann.

Georgsmarienhütte

Museum Villa Stahmer, Carl-Stahmer-Weg 13 (49124), Tel. 05401-40755; Di u. Do 9–12, 15–18 Uhr, So 10–13, 15–18 Uhr. Die Villa der Fabrikantenfamilie Stahmer stellt das luxuriöse Leben eines Großindustriellen Anfang des 20. Jh. dar. Außerdem wird eine einzigartige Sammlung von Schienen seit Beginn der Eisenbahn bis heute gezeigt. Weitere Themen sind die Stahlverarbeitung in Georgsmarienhütte, regionalen Aspekte wie Ur- und Frühgeschichte, bäuerliche Kultur und Handwerk.

Melle

Automuseum Melle, Pestelstr. 38–40 (49324), Tel. 05422-46838; Sa 14–18 Uhr, So 10–18 Uhr. Zu sehen sind u. a. ein Röhr Typ F von 1933, ein Lotus Seven aus dem Jahre 1972, ein Jaguar E – und ein Messerschmitt Tiger von 1958, der sicherlich nicht das aufregendste Auto der Sammlung ist, aber den Anspruch des Museums einlöst, die Geschichte des Autos von den Anfängen bis in die heutige Zeit darzustellen., www.automuseummelle.de

Grönegau-Museum, Friedrich-Ludwig-Jahn-Str. 8/12 (49324), Tel. 05422-5425; April–Okt. Mi, Sa, So 15.30–17.30 Uhr. Auf dem Heimathofgelände im Grönenbergpark ist in einigen alten Fachwerkhäusern ein Heimatmuseum eingerichtet worden, das über die gesamte Region informiert. Zu sehen sind im historischen Kornspeicher von 1771 bürgerliche Hauskultur, bäuerliches Leben, Trachten und Textilien, Gildetruhen aus dem 17. und 18. Jh. u. a. Im benachbarten Heuerlingshaus von 1655 findet der Besucher historische Werkstätten sowie eine alte Bockemühle. Auch ein Backhaus aus dem 16. Jh. ist zu sehen.

Quakenbrück

Stadtmuseum Quakenbrück, Markt 7 (49610), Tel. 05431-6777 und 3183; Do u. Sa 15–18 Uhr, So 10.30–17 Uhr. Das außergewöhnlich sehenswerte Museum zeigt Quakenbrücker Zinnkrüge von 1729 und 1740, den berühmten Quakenbrücker Sachsenspiegel von 1422 (eine Kopie), die Knopfsche Apotheke von 1653, Altländer Blaudruck, eine holländische Fliesensammlung und einen Durk (Alkoven). Unter dem Dach findet man einen Contor, eine Post und eine Zimmerer-Werkstatt, Arbeitsstätten eines Drechslers, Sattlers, Polsterers und Klempners sowie vier Turmuhren und ein »Einkehrhaus« für durstige Kirchgänger.

Notrufnummern

Polizei 110, Feuerwehr 112

Pannenhilfe ADAC Tel. 0180-2222222

Pannenhilfe ACE 0180-2343536

Radwandern

Ausführliche Informationen zu Radwanderwegen, Touren und Sehenswürdigkeiten sind erhältlich beim Tourismusverband Osnabrücker Land, siehe »Auskünfte«.

Sport (Auswahl)

»osnatel-arena« (Bremer Brücke), 2 Freibäder, 5 Hallenbäder, 7 Kanu- und Bootshäuser, 1 Rudersportanlage, Golfplatz, zentrale Schießsportanlage, 8 Reitsportplätze, 7 Reithallen, Eis- und Rollsportanlage

Taxi (Auswahl)

City-Car (Frauen-Nacht-Fahrten), Tel. 0541-27783

Hello-Taxi, Tel. 0541-7506262

OS-CAR, Tel. 0541-505000

Osnabrücker Funk-Taxi, Tel. 0541-32011

Taxi-Ruf, Tel. 0541-83083

Unterkunft

in Osnabrück (Auswahl)

IRS – **I**nformations- und **R**eservierungs**S**ervice Osnabrück und Osnabrücker Land, Bierstr. 22–23 (49074), Tel. 0541-95 111 95, Fax 95 111 20, www.osnabrueck.de, www.osnabruecker-land.de

Jugendherberge

Jugendherberge Osnabrück, Iburger Str. 183 a (49082), Tel. 0541-54284, Fax 54294, www.jugendherberge.de/jh/osnabrueck

Preiswerte Hotels

Penthouse Backpackers, Möserstr. 19 (49074), Tel. 0541-6009606, www.penthouseBP.com

Hotel Gretescher Hof, Sandforterstr. 1 (49086), Tel. 0541-37417, Fax 938511, www.hotelgretescherhof.de

Intourhotel, Maschstr. 10 (49078) Osnabrück, Tel. 0541-96386-0, Fax 434239, www.intourhotel.de

Hotel Neustadt, Miquelstr. 34 (49082), Tel. 0541-51200, Fax 51648, www.hotel-neustadt.com

Hotel Sieme, Meller Str. 113 (49084), Tel. 0541-572454, Fax 5004939, www.hotel-sieme.de

Hotels mittlerer Preislage

Hotel Bürgerbräu, Blumenhaller Weg 41 (49080), Tel. 0541-404350, Fax 4043530, www.hotel-buergerbraeu.de

Dom Hotel, Kleine Domsfreiheit 5 (49074), Tel. 0541-35835-0, Fax 35835-35, www.dom-hotel-osnabrueck.de

advena Hotel Hohenzollern Osnabrück, Theodor-Heuss-Platz 5 (49074), Tel. 0541-33170, Fax 3317351 , www.advena.de/osnabrueck

Akzent-Hotel Klute, Lotter Str. 30 (49078), Tel. 0541-409120, Fax 4091248, www.hotel-klute.de

Hotel Kulmbacher Hof, Schlosswall 65–67 (49074), Tel. 0541-35700, Fax 357020, www.kulmbacher-hof.de

Hotel Nikolai, Kamp 1 (49074), Tel. 0541-331300, Fax 3313088, www.hotel-nikolai.de

Ibis Hotel Osnabrück, Blumenhallerweg 152 (49078), Tel. 0541-40490, Fax 41945, www.ibishotel.com

Park Hotel, Edinghausen 1 (49076), Tel. 0541-94140, Fax 9414200, www.parkhotel-osnabrueck.de

Hotel Schlossresidenz, Schloßstr. 15 (49074), Tel. 0541-33833-0, Fax 33833-37, www.schlossresidenz.com

Hotel Welp, Natruper Str. 227 (49090), Tel. 0541-913070, Fax 9130734, www.hotelweb.de/hotel-welp

Hotels gehobener Preislage

Steigenberger Hotel Remarque, Natruper Tor-Wall 1 (49076), Tel. 0541-6096-0, Fax 6096-600, www.osnabrueck.steigenberger.de

Romantik Hotel Walhalla, Bierstr. 24 (49074), Tel. 0541-34910, Fax 3491144, www.hotel-walhalla.de

Hotel Westerkamp, Bremer Str. 120 (49084), Tel. 0541-97770, Fax 707621, www.westerkamp.de

Unterkunft

im Osnabrücker Land (Auswahl)

IRS – **I**nformations- und **R**eservierungs**S**ervice Osnabrück und Osnabrücker Land, Bierstr. 22–23, 49074 Osnabrück, Tel. 0541-95 111 95, Fax 95 111 20, www.osnabrueck.de, www.osnabruecker-land.de

Jugendherbergen

Jugendherberge Alfsee, Westerfeldstr. 72, 49597 Rieste, Tel. 05464-9208-0, Fax 920855, www.jugendherberge.de/jh/alfsee

Jugendherberge Bad Essen, Schledehauser Str. 81 (49152), Tel. 05472-2123, Fax 6233, www.jugendherberge.de/jh/badessen

Jugendherberge Bad Iburg, Offenes Holz (49186), Tel. 05403-74220, Fax 9770, www.jugendherberge.de/jh/badiburg

Jugendherberge Melle, Fr.-Ludwig-Jahn-Str. 1 (49324), Tel. 05422-2434, Fax 3988, www.jugendherberge.de/jh/melle

Hotels und Gasthöfe

Bad Essen

Landhotel garni Buchenhof, Bergstr. 22–26 (49152), Tel. 05472-9390, Fax 939200, www.landhotel-buchenhof.de

Waldhotel Bad Essen, Bergstr. 51 (49152), Tel. 05472-97880, Fax 978888, www.waldhotel-badessen.de

Bad Iburg

Altes Gasthaus Fischer-Eymann, Schloßstr. 1 (49186), Tel. 05403-311 und 79350, Fax 5231, www.fischer-eymann.de

Hotel Zum Freden, Zum Freden 41 (49186), Tel. 05403-4050, Fax 1706, www.hotel-freden.de

Hotel Zum Urberg, Amtsweg 19 (49186), Tel. 05403-2440, Fax 9452, www.zum-urberg.de

Bad Laer

Haus Große Kettler, Bahnhofstraße 11 (49196), Tel. 05424-8070, Fax 80777, www.haus-grosse-kettler.de

Hotel Storck, Paulbrink 4 (49196), Tel. 05424-9008, Fax 7944, www.hotel-storck.de

Bad Rothenfelde

Hotel Deutsch Krone, Sonnenhang 15 (49214), Tel. 05424-610, Fax 1459, www.hoteldeutschkrone.de

Hotel Zur Post, Frankfurter Str. 2 (49214), Tel. 05424-21660, Fax 216699, www.hotel-bad-rothenfelde.de

Bramsche

Landhaus Hellmich, Sögelner Allee 45 (49565), Tel. 05461-3841, Fax 64025, www.landhaus-hellmich.de

Hotel Idingshof, Bührener Esch 1 (49565), Tel. 05461-8890, Fax 88964, www.idingshof.de

Haus Surendorff, Dinglingsweg 1 (49565), Tel. 05461-93020, Fax 930228, www.surendorff.de

Georgsmarienhütte

Hotel Herrenrest, Teutoburger-Wald-Str. 110 (49124), Tel. 05401-83130, Fax 6951, www.hotel-herrenrest.de

Melle

Hotel Bayrischer Hof, Bahnhofstr. 14 (49324), Tel. 05422-94650, Fax 946555, www.bayrischerhof-melle.de

Van der Valk Hotel Melle, Wellingholzhausener Str. 7 (49324), Tel. 05422-96240, Fax 9624444, www.hotel-melle.de

Quakenbrück

Bahnhofshotel, Bahnhofstr. 35 A (49610), Tel. 05431-2253, Fax 8629, www.bahnhofshotel-hasetal.de

Hotel Hagspihl, Lange Str. 66 (49610), Tel. 05431-2233, Fax 904297, www.hotel-hagspihl.de

Veranstaltungen, Oper, Theater, Konzerte

in Osnabrück

Städtische Bühnen Osnabrück, Oper, Operette, Schauspiel, Musical und Tanztheater: Die Städtischen Bühnen sind ein Drei-Sparten-Haus mit rund 30 Neuproduktionen pro Saison. Rund 200 000 Zuschauer im Jahr lassen sich die Aufführungen nicht entgehen. Seit 1996/97 werden in dem 1909 errichteten Jugendstilbau auch Symphonie-Konzerte gegeben.

Theater Osnabrück, Domhof 10/11 (49074), Theaterkasse: Di–Fr 11–18 Uhr, Sa 11–14 Uhr, Abendkasse eine Stunde vor Vorstellungsbeginn. Telefonische Kartenbestellung tägl. 11–18 Uhr, Tel. 0541-7600076, Fax 7600077, www.theater.osnabrueck.de

emma-theater, Lotter Straße 6 (49074). Das »emma«-theater spielt in der Aula des ehemaligen **E**rnst-**M**oritz-**A**rndt-Gymnasiums. Man war großzügig, gab ein »m« dazu, und der Name war perfekt: emma-theater. Kartenvorverkauf: siehe Theater Osnabrück.

Weitere Spielstätten

Figurentheater »Alte Fuhrhalterei«, Kleine Gildewart 9 (49074). Vorverkauf Tel. 0541-3356914, Abendkarten Tel. 0541-3232202; Kinderprogramm: Mi 16 Uhr, Sa 16 Uhr, So 11 Uhr; Abendprogramm für Erwachsene. Ein Puppenspiel mit einer festen Spielstätte, was in Deutschland eher selten der Fall ist. In einem ehemaligen Ackerbürgerhaus aus dem 16. Jh., www.figurentheater-osnabrueck.de

Halle Gartlage, Schlachthofstr. 48 (49074), Tel. 0541-3234157

Lagerhalle, Rolandsmauer 26 (49074), Tel. 0541-338740. Die Lagerhalle ist das inoffizielle Kultur- und Kommunikationszentrum Osnabrücks mit Konzerten, Theateraufführungen, Lesungen, Diskussionen, Kinderprogrammen, Werkstätten, Selbsthilfe- und Arbeitsgruppen – und einem ständig wechselndem Programm., www.lagerhalle-osnabrueck.de

Ledenhof, Am Ledenhof 3–5 (49074). Im Ledenhof sind die Deutsche Stiftung Friedensforschung (Tel. 0541-6003542) und das Literaturbüro Westniedersachsen (Tel. 0541-28692) angesiedelt. Im Haus, das über die älteste Spindeltreppe Norddeutschlands und einen Renaissancesaal verfügt, finden regelmäßig Lesungen, Konzerte, Vorträge und Theateraufführungen statt.

Lutherhaus, Jahnstr. 1 (49080), Tel. 0541-2001831. www.lutherhaus.info
Das restaurierte Lutherhaus, das einst zur Gemeinde St. Katharinen gehörte, bietet Musikveranstaltungen aller Richtungen an.

die probebühne, Wiesenstr. 1 (49074), Tel. 0541-22666. Amateurtheater in der ehemaligen, erstmals 1389 erwähnten Komtureikirche der Osnabrücker Ordensritter, www.probebuehne.de

Stadthalle (Konzerte), Schloßwall 1–9 (49074), Kartenvorverkauf, Tel. 0541-349024, Mo–Fr 9.30–17 Uhr, Do 9.30–18 Uhr, Sa 9.30–13 Uhr, www.osnabrueck.de/stadthalle

Konzerte

in Osnabrück

Orgelkonzerte in St. Marien, im Dom, in St. Johann, St. Katharinen und in St. Joseph

Symphoniekonzerte des Osnabrücker Symphonieorchesters in der Stadthalle, im Dom sowie im Lutherhaus (Jahnstr. 1)

Kartenvorverkauf

Tourist-Information Osnabrück, Städtische Bühnen umd andere Stellen

Konzerte

im Osnabrücker Land

Bad Iburg

Kammermusik im Schloß;
Info: Verein Iburger Schloßkonzerte e.V., Tel. 05403-2563, www.schlosskonzert.de

Berge

Sommerkonzerte im Stift Börstel;
Info: Stift Börstel, Tel. 05435-95420

musica viva; Info: Forum Artium Georgsmarienhütte, Tel. 05401-34160, www.forum-artium.de

Literatur

Ludwig Hoffmeyer: Chronik der Stadt Osnabrück. Osnabrück 1964

Karl Krolow: Deutschland deine Niedersachsen. Ein Land das es nicht gibt. Hamburg 1972

Karl Kühling: Osnabrück. Altstadt um die Jahrhundertwende. Osnabrück 1983

Karl Kühling: ... aber Hilfe schafft euch selber. Am Anfang standen Osnabrücker Bürger. Osnabrück 1980

Karl Kühling: Olle Use. Von Laischaftswesen und andren Dingen.

Diethard H. Klein (Hg.): Osnabrück. Ein Lesebuch. Husum 1990

Gerhard Schormann: Die Hexenprozesse in den 1580er und 1630er Jahren, in: V.D.M.I.Æ. Gottes Wort bleibt in Ewigkeit. 450 Jahre Reformation in Osnabrück, herausgegeben von Karl Georg Kaster und Gerd Steinwascher, Osnabrücker Kulturdenkmäler, Band 6, Bramsche 1993, S. 571–586.

Gerd Steinwascher (Hg.): Geschichte der Stadt Osnabrück, Osnabrück 2006.

Register

Die Deutsche Bibliothek verzeichnet diese Publikation in der Deutschen Nationalbibliografie; detaillierte bibliografische Daten sind im Internet über http://dnb.ddb.de abrufbar.

4., aktualisierte und erweiterte Auflage 2008

Dank
Viele Museen, Institutionen und Tourismusorganisationen haben bei den Recherchen zu diesem Reiseführer beigetragen. Ganz besonderen Dank für ihre engagierte Unterstützung geht an die Tourist-Information Osnabrück, Frau Hoffstädt vom Tourismusverband Osnabrücker Land e.V. und Frau Frankenberg von Zeitseeing, Osnabrück.

Kartographie: Kartendienst Andreas Toscano del Banner, München

Bildnachweis:
Bistumsarchiv Osnabrück: 86/87, 90; Torsten Krüger: 16/17, 45, 55, 56, 97, 160/161; Kulturgeschichtliches Museum Osnabrück / Felix-Nussbaum-Haus: 77, 80, 81; Museum Industriekultur Osnabrück: 112; Osnabrück-Marketing & Tourismus GmbH: 7, 35, 40, 91, 93, 119, 126; Presse- und Informationsamt der Stadt Osnabrück: 3, 79; Tourismusverband Osnabrücker Land e.V.: 5o, 6, 8/9, 10/11, 66/67, 104/105, 116/117, 121, 122, 143, 148, 152/153, 157; Werner Scharnweber: 12/13, 84; Sammlung Herbert Schwarzwälder: 19, 20, 21, 24/25, 42, 47, 48, 49, 51, 53, 64, 88, 89; Stadtmuseum Münster: 38; Varusschlacht im Osnabrücker Land Museum und Park Kalkriese: 129 (Heidrun Derks), 134/135 (Christoph Püschner); Verlagsarchiv: 18, 27, 29, 30, 31, 32, 33, 34, 37, 41, 43, 101; Zoo Osnabrück: 114.
Alle übrigen Abbildungen Henning Sietz.

Hohenlohestr. 21 – 28209 Bremen
Tel. 0421-34843-0 – Fax 0421-348094
info@edition-temmen.de
www.edition-temmen.de

Herstellung: Edition Temmen
ISBN 978-3-86108-472-3